Bettina Wendland

Der Hamster in der Pausenbox

und andere Freundschaftsgeschichten

Mit Illustrationen von Guido Apel

Sammelband

SCM

Stiftung Christliche Medien

Der SCM Verlag ist eine Gesellschaft der Stiftung Christliche Medien, einer gemeinnützigen Stiftung, die sich für die Förderung und Verbreitung christlicher Bücher, Zeitschriften, Filme und Musik einsetzt.

Dieser Sammelband enthält die Einzelbände:
· Ein Baumhaus voller Luftballons
· Das Pony auf dem Pausenhof

MIX
Papier aus verantwortungsvollen Quellen
FSC
www.fsc.org
FSC® C014496

© 2017 SCM-Verlag GmbH & Co. KG, 58452 Witten
Internet: www.scm-verlag.de; E-Mail: info@scm-verlag.de

Gesamtgestaltung und Illustrationen: Guido Apel, Bamberg,
www.guidoapel.de

Druck und Verarbeitung: GGP Media GmbH, Pößneck
Gedruckt in Deutschland
ISBN 978-3-417-28786-8
Bestell-Nr. 228.786

Für Finja

und

Bjarne

Inhalt

Das Pony auf dem Pausenhof 131

Bettina Wendland

Ein Baumhaus voller Luftballons

Starke Freundschaftsgeschichten

Mit Illustrationen von Guido Apel

Gewitter im Wald

„Ich seh ihn schon!", ruft Nils begeistert.
Tatsächlich: Zwischen den Bäumen schimmert
der Silbersee. Da wollen sie hin. Nils macht
heute eine Radtour mit seinen Eltern und seinem
älteren Bruder Jonas. Sie wollen am Silbersee
ein Picknick machen. Und wenn das Wasser
nicht zu kalt ist, gehen sie auch schwimmen.
Nils hat extra seine neue Badehose mit dem
Seepferdchen-Abzeichen eingepackt.
Die letzten Meter bis zum See sind schnell
gefahren.
„Hier ist doch eine schöne Picknickstelle", ruft
Mama. Sie zeigt auf ein Wiesenstück direkt am
Wasser. Nils und Jonas lassen ihre Räder ins
Gras fallen. Sie packen eine Decke aus und
legen sie auf den Boden. Papa holt das Essen
aus seiner Satteltasche. Es gibt Brötchen, kalte
Frikadellen, Möhren und Apfelstücke.
„Haben wir keine Süßigkeiten?", mault Jonas.
„Die gibt es später", erklärt Mama. „Zum
Nachtisch."

Nachdem sie alles aufgegessen haben, auch die
Nachtisch-Kekse, laufen Jonas und Nils barfuß
zum Wasser. Sie stecken ihre Zehen hinein.
„Puh, ist das kalt!", schreit Nils.
„Ist ja auch erst Mai", erklärt Jonas. Er nutzt
jede Gelegenheit, um Nils zu zeigen, dass er
älter und schlauer ist. „Das Wasser erwärmt
sich langsamer als die Luft. Das haben wir in
Sachkunde gelernt."

„Ach schade, ich wollte so gern schwimmen gehen." Nils ist enttäuscht.

„Vielleicht sollten wir uns sowieso nicht mehr allzu lange hier aufhalten", meint Mama. Sie schaut besorgt zum Himmel. Dort haben sich ein paar dunkle Wolken zusammengezogen.

„Ja, stimmt, es sieht nach Regen aus", sagt Papa. „Lasst uns lieber aufbrechen."

In diesem Moment ist in der Ferne ein Donnergrollen zu hören. Nils und Jonas schauen sich erschrocken an. Mama seufzt. „Oh weh, ein Gewitter zieht auf. Jetzt aber schnell nach Hause."

Rasch packen sie ihre Sachen zusammen und schwingen sich auf die Räder. Ihr Zuhause ist etwa eine halbe Stunde entfernt. Der Weg führt durch den Wald. Ein Wald ist kein guter Ort bei Gewitter. Das hat Nils schon in der Schule gelernt. Und dass man sich auf keinen Fall unter einen Baum stellen soll, wenn es blitzt.

„Sind wir denn rechtzeitig zu Hause?", fragt Nils seinen Papa, der neben ihm fährt.

„Ich hoffe ja", antwortet Papa. „Noch ist das Gewitter nicht bei uns. Aber ich weiß nicht, in welche Richtung es zieht."

„Ich hab Angst", gibt Nils zu. „Im Wald ist es doch gefährlich."

„Ja, aber was sollen wir machen? Wenn wir auf der Straße fahren, ist es nicht weniger gefährlich. Und ein Riesen-Umweg", erklärt Papa.

Inzwischen hat es angefangen zu regnen. Im Wald merkt man es nicht so sehr. Aber der Regen wird immer stärker. Und das Donnergrollen kommt näher.

„Kann uns nicht jemand mit dem Auto abholen?", fragt Jonas.

„Gute Idee", ruft Nils begeistert. „Toms Vater hat doch so einen Bus. Da passen wir alle rein. Und unsere Fahrräder auch." Tom ist Nils' bester Freund.

Mama zögert: „Ich weiß nicht. Ist doch blöd, wenn die bei dem Wetter extra raus müssen. Das schaffen wir schon."

Aber Papa widerspricht: „Ich finde die Idee gar nicht so schlecht. Da vorn können wir zur Landstraße abbiegen. Dort könnten sie uns einsammeln."

„Tom ist doch mein Freund", betont Nils. „Und sein Papa ist voll nett. Der spielt auch immer mit uns Fußball. Der hilft uns bestimmt gern."

„Na gut", gibt Mama nach. „Ihr habt ja recht." Sie
hält an und holt ihr Handy aus der Tasche. „Rufst
du an, Nils?"

„Klar, mach ich", sagt Nils stolz. Hoffentlich sind
Tom und sein Papa auch zu Hause! Aber sie
haben Glück, nach dreimal Klingeln geht Tom
ans Telefon.

„Hey Tom, wir sind hier mitten im Wald mit den
Fahrrädern. Und es gibt ein Gewitter. Kann dein
Papa uns vielleicht abholen mit seinem Bus?"

„Müsste gehen", antwortet Tom. „Ich geb dir mal meinen Paps." Auch Nils reicht das Handy an seinen Vater weiter. Er kann besser erklären, wo sie gerade sind.

„Herr Ludwig?", ruft Papa ins Telefon. „Können Sie uns wirklich abholen? Das wäre großartig. Wir fahren jetzt zur Landstraße. Wir sind auf der Höhe der Straße, die nach Neudorf führt. Ja, super, bis gleich."

Alle atmen erleichtert auf. Doch dann zucken sie zusammen. Ein Blitz erhellt den Himmel. Kurz darauf folgt der Donner. Jonas hat mitgezählt: „20 Sekunden zwischen Blitz und Donner. Dann ist das Gewitter noch fast sieben Kilometer entfernt."

Nils staunt. Ausnahmsweise ist er froh, dass sein Bruder so viel weiß.

„Na, dann los zur Straße", fordert Papa sie auf. „Herr Ludwig ist bestimmt gleich da."

Endlich verlassen sie den Wald. Nun merken sie erst, wie stark es regnet. Wie dumm, dass sie keine Regensachen dabeihaben. Aber als sie am Morgen aufgebrochen sind, war schönster Sonnenschein. Bis sie die Landstraße erreichen, sind alle klitschnass. Trotzdem jubeln Nils und

Jonas laut. Denn am Straßenrand steht der rote Bus von Toms Vater. Als er aussteigt, fällt Nils ihm um den Hals. „Danke, dass du so schnell gekommen bist!"

„Keine Ursache", lacht Herr Ludwig. „Ist doch selbstverständlich!"

„Selbstverständlich finde ich das nicht", betont Nils' Mama. „Sie helfen uns damit sehr!"

„Jetzt aber alle rein in den Bus!", ruft Herr Ludwig. Schnell verstauen sie noch die Fahrräder, dann steigen sie in das warme und trockene Auto.

Nils seufzt erleichtert auf: „So ähnlich müssen sich die Menschen und Tiere in der Arche Noah gefühlt haben", bemerkt er.

„Na, so heftig regnet es ja nun auch wieder nicht", lacht Herr Ludwig. „Ist auch besser so. Mein Bus kann nämlich nicht schwimmen."

Nudeln mit Vanillesoße

Heute geht Laura nach der Schule mit zu ihrer Freundin Sophie. Sophies Mutter öffnet ihnen die Tür.
„Mama, was gibt es heute zu essen?", fragt Sophie.
„Ich wollte eigentlich erst heute Abend was kochen", meint Sophies Mutter. „Dann sind Papa und Jan auch wieder zu Hause. Wenn ihr wollt, mache ich euch jetzt ein Brot."
Laura stupst Sophie an und flüstert ihr zu: „Wir könnten doch zusammen kochen."
Sophie nickt begeistert. „Darf ich mit Laura Nudeln kochen? Mit Tomatensoße?", fragt sie ihre Mutter.
Die nickt. „Keine schlechte Idee. Aber bei den Nudeln helfe ich euch mit dem heißen Wasser."
Sophie und Laura sind einverstanden. Schnell waschen sie die Hände und ziehen alte T-Shirts von Sophie an. Falls die Tomatensoße spritzt.
Sophies Mutter zeigt ihnen, wo alle Zutaten sind. Sie stellt einen Topf mit Wasser auf den Herd.

„Wenn es kocht, schüttet ihr die Nudeln in den Topf und schaltet den Herd auf drei. Wenn sie zehn Minuten gekocht haben, ruft ihr mich. Dann helfe ich euch, das heiße Wasser abzugießen. Jetzt muss ich aber schnell noch eine E-Mail für die Arbeit schreiben."

Sophie und Laura nicken. Für die Tomatensoße füllen sie eine Packung passierte Tomaten in einen kleinen Topf. Dann schneiden sie ein

paar Blättchen Basilikum klein und streuen sie zusammen mit Salz und Pfeffer in die Soße. Laura probiert: „Iiih, das schmeckt ja scheußlich. Ich glaube, wir haben zu viel Salz reingetan." „Lass mich mal testen", meint Sophie. Als sie die Soße probiert, verzieht sie den Mund. „Mist", ruft sie. „Da ist nichts zu retten. Und das war die letzte Tomatenpackung. Was machen wir jetzt? Nudeln ohne Soße sind öde."

„Habt ihr nicht noch was anderes da, woraus man eine Soße machen kann?", fragt Laura. Sophie schaut in den Schrank. „Hm, nicht mal Ketchup haben wir. Nur noch eine Flasche Vanillesoße. Nicht gerade passend."

„Ach, warum denn nicht?", überlegt Laura. „Bei den Kochsendungen, die mein Papa immer guckt, mischen sie auch ständig Sachen, die nicht zusammenpassen. Vielleicht entdecken wir ein superleckeres Geheimrezept."

„Na ja, probieren können wir es ja", meint Sophie. „Aber warm sollte die Soße schon sein, oder?"

Laura nickt. Sophie holt einen sauberen Topf aus dem Schrank und gibt die Vanillesoße hinein. Dann stellt sie den Topf auf den Herd und

lässt die Soße warm werden. Inzwischen hat
Laura die Nudeln in den Wassertopf geschüttet.
Als sie zehn Minuten gekocht haben, ruft Sophie
ihre Mutter. Schnell decken die Mädchen schon
einmal den Tisch. Zur Feier des Tages sucht
Sophie ein paar schöne Servietten mit Eulen aus
und legt sie auf die Teller.
Als Sophies Mutter in die Küche kommt,
schnuppert sie erstaunt. „Wonach riecht es denn
hier?", fragt sie neugierig.
„Nach der Sophie-Laura-Spezial-Soße", erklärt
Sophie stolz.
Ihre Mama wirft einen Blick in den Soßentopf.
„Ist das Vanillesoße?"
Sophie grinst. „So könnte man es auch nennen."
Dann erklärt sie ihrer Mutter, was passiert ist.
„Wir können es ja mal probieren", meint Sophies
Mutter. Sie gießt das heiße Wasser von den
Nudeln ab und stellt den Topf auf den Tisch.
Laura stellt den Soßentopf daneben. Alle drei
setzen sich hin. Sophies Mutter spricht noch ein
Tischgebet: „Guter Gott, danke, dass du uns mit
leckerem Essen versorgst. Auch wenn es heute
etwas ungewöhnlich ist. Amen."
„Amen", sagen auch Laura und Sophie.

Gespannt probieren sie ihre neue Nudelkreation.
„Also, ich finde das lecker", meint Sophie mit
vollem Mund. Laura schluckt erst ihre Nudeln
runter, bevor sie bemerkt: „Das können wir öfter
kochen."
Sophies Mutter schmeckt es ebenfalls.
„Hätte ich ja nicht gedacht, dass Nudeln und
Vanillesoße so gut zusammenpassen", meint
sie. „Das ist ein bisschen wie bei euch beiden."

„Wie meinst du das?", fragt Sophie.

„Am Anfang der ersten Klasse habt ihr beide euch nicht so gut verstanden. Da hätte niemand gedacht, dass ihr so gut zusammenpasst und beste Freundinnen werdet."

Laura muss kichern: „Aber wer von uns ist denn die Nudel und wer die Vanillesoße?"

Da müssen alle lachen. Und als sie fertig sind mit Lachen, nimmt jede von ihnen noch eine zweite Portion Nudeln mit Vanillesoße.

Strandfreunde

„Welche Nummer haben wir?", fragt Niklas
seinen Vater.
„Die 38", antwortet dieser. „Schau mal, ob du
unsern Strandkorb findest."
Niklas läuft vor zum Strand. Er macht mit seinem
Papa Urlaub an der Ostsee. Sie wohnen in einer
kleinen, gemütlichen Ferienwohnung. Sie ist
nur fünf Minuten vom Meer entfernt. Außerdem
hat Papa einen Strandkorb gemietet. Das findet
Niklas supergemütlich: zusammen mit Papa im
Strandkorb sitzen.
„Hier ist er", ruft Niklas begeistert. Der
Strandkorb steht in der ersten Reihe, ganz dicht
am Wasser.
Endlich ist auch Papa angekommen. „Prima,
dann kann ich dich immer sehen, wenn du im
Wasser bist", meint er.
Niklas stutzt. „Ich dachte, wir gehen zusammen
ins Meer", sagt er zögernd.
„Na klar, das machen wir auch. Aber vielleicht
willst du öfter ins Wasser oder mal länger

drinbleiben. Du weißt doch: Ich friere immer so
schnell", erklärt Papa.
Niklas lacht. Das stimmt. Sein Vater ist ganz
schön empfindlich. Immer ist ihm das Wasser zu
kalt. Auch wenn es total warm ist.
Papa lässt sich in den Strandkorb plumpsen.
„Ah, ist das bequem!" Er nimmt ein Buch aus
dem Rucksack und beginnt zu lesen.
Niklas setzt sich neben ihn und kuschelt sich
an ihn. Aber schnell wird ihm langweilig. Er hat
auch ein Buch dabei. Aber am Strand kann man
so viele tolle Sachen machen! Lesen kann man

auch in der Ferienwohnung, wenn es regnet.
„Gehen wir ins Wasser?", fragt Niklas seinen
Papa.
„Ach, ich möchte erst ein bisschen lesen", meint
dieser. „Darauf habe ich mich so gefreut. Sonst
habe ich ja fast nie Zeit dazu."
„Sonst hast du aber auch fast nie Zeit, um mit
mir zu spielen oder schwimmen zu gehen", stellt
Niklas fest.
Papa seufzt. „Du hast ja recht. Lass uns ins
Wasser gehen. Aber nicht so lange, okay?"
„Okay", ruft Niklas begeistert. Schnell zieht er
sein T-Shirt und seine Hose aus und läuft zum
Wasser. Papa kommt kaum hinterher. Ganz
langsam geht Niklas durch die leichten Wellen
ins tiefere Wasser.
„Jetzt komm endlich", ruft er seinem Papa zu.
„Hier kann man super schwimmen!"
Niklas hat vor ein paar Wochen sein
Bronzeabzeichen gemacht. Jetzt möchte er
gern ausprobieren, ob er auch im Meer gut
schwimmen kann. Endlich ist Papa bei ihm.
„So, jetzt zeig mal, was du im Schwimmkurs
gelernt hast", fordert er Niklas auf.
Niklas legt sich ins Wasser und macht die Arm-

und Beinbewegungen, wie er sie gelernt hat. Erst ist er etwas irritiert von den Wellen. Aber dann klappt es richtig gut. Papa schwimmt langsam neben ihm her.

„Gut machst du das", lobt er seinen Sohn. Nachdem Niklas ein paar Mal hin und her geschwommen ist, möchte er doch wieder raus aus dem Wasser. „Puh, das ist ganz schön anstrengend, im Meer zu schwimmen", meint er. „Das kommt von der Strömung", erklärt Papa. Am Strandkorb wickeln sie sich in ihre Handtücher und kuscheln sich wieder aneinander. Papa vertieft sich in sein Buch. Niklas beobachtet zwei Jungs in der Nähe. Die Brüder kicken einen Ball hin und her. Niklas wird ein bisschen traurig. Einen Bruder hätte er auch gern. Oder notfalls auch eine Schwester. Dann hätte er immer jemanden zum Spielen. Und er müsste nicht ständig seinen Papa anbetteln, dass der mal sein Buch weglegt.

„Papa, spielst du mit mir Fußball?", fragt er vorsichtig.

Papa schaut von seinem Buch auf. „Ich hab grad mal zehn Seiten gelesen. Warum fragst du nicht die beiden Jungs, ob du mitspielen kannst?"

„Ich trau mich nicht", gibt Niklas zu.

„Komm, stell dich nicht so an. Die sehen doch nett aus", erwidert Papa.

Niklas schüttelt trotzig den Kopf. „Kannst du sie nicht fragen?"

Papa seufzt. „Wenn's sein muss", sagt er ziemlich genervt. Die beiden stehen auf und gehen zu den Brüdern. „Hey, mein Sohn Niklas würde gern mit euch mitspielen", sagt Papa. Der ältere der Jungs sieht Niklas freundlich an. „Klar, warum nicht? Zu dritt macht es mehr Spaß. Ich bin Sam und mein Bruder heißt Tim." Niklas ist erleichtert. Die beiden sind ja richtig nett. Und sie scheinen sich ehrlich zu freuen, dass er mitmachen möchte. Nachdem sie einige Zeit Fußball gespielt haben, schlägt Sam vor: „Sollen wir eine Sandburg bauen?"

Tim und Niklas sind einverstanden. Niklas läuft schnell zu seinem Strandkorb, um Schaufel und Eimer zu holen. „Danke", ruft er seinem Papa zu. „Die Jungs sind voll nett."

„Da bin ich ja froh", lacht Papa.

Die drei Jungen bauen eine riesige Sandburg mit Staumauer und Wassergraben. Stolz betrachten sie ihr Werk.

„Hoffentlich steht die morgen noch", meint Tim. Und er wendet sich an Niklas: „Bist du morgen auch wieder hier?"

„Ja klar. Wenn es nicht grade in Strömen regnet", antwortet Niklas begeistert.

Am nächsten Tag scheint wieder die Sonne. Niklas kann es gar nicht abwarten, zum Strand zu gehen. Er freut sich darauf, wieder mit seinen neuen Freunden zu spielen. Als er und sein Papa schließlich an ihrem Strandkorb ankommen, schaut sich Niklas sofort nach Tim und Sam um. Endlich sieht er sie: Sie sind bei der Sandburg, die sie gestern gebaut haben. Aber sie sind nicht allein dort. Ein rothaariger Junge ist bei ihnen.

„Was ist los?", fragt Niklas' Papa. „Wolltest du nicht gleich zu deinen Freunden rennen?"

„Ja, das wollte ich", gibt Niklas zu. „Aber sie haben schon einen neuen Freund gefunden", erklärt er traurig.

Papa schaut Niklas an. „Hey, mein Sohn", sagt er und legt seinen Arm um Niklas' Schulter. „Bist du eifersüchtig?"

„Ja", gibt Niklas zu und kann seine Tränen kaum zurückhalten. „Kaum bin ich mal nicht da, suchen sie sich einen neuen Freund."

„Aber das ist doch Quatsch", behauptet Papa.

„Sie machen mit diesem Jungen dasselbe, was sie gestern mit dir gemacht haben. Sie lassen ihn mitspielen. Vielleicht ist dieser Junge auch allein hier wie du."

„Ist mir doch egal", brummt Niklas trotzig. „Das sind meine Freunde!"

Papa überlegt: „Weißt du, dass Jesus mal was ganz Schlaues gesagt hat? Das passt irgendwie auch zu dieser Situation. Er hat gesagt: ,Behandelt die Menschen so, wie ihr selbst von ihnen behandelt werden wollt.'"

„Was soll das bedeuten?", fragt Niklas.

„Dass du dich andern gegenüber so verhältst, wie du es auch gern hättest. Du wolltest, dass Sam und Tim mit dir spielen. Und dieser rothaarige Junge will das auch. Sam und Tim haben dich mitspielen lassen. Dann solltest du auch den andern Jungen mitmachen lassen."

Papa klopft Niklas aufmunternd auf die Schulter.

„Los, geh rüber. Zu viert habt ihr bestimmt auch viel Spaß."

Niklas überlegt. Dieser Spruch von Jesus klingt schon ganz logisch. Und vielleicht ist der

Rothaarige ja ein cooler Typ. Zögernd geht er auf die Jungs an der Sandburg zu. Als Sam und Tim ihn entdecken, winken sie ihm fröhlich zu.

„Da kommt ja unser Super-Baumeister", ruft Sam. „Wir haben noch Verstärkung bekommen. Robin hilft uns, einen zweiten Wassergraben zu bauen."

„Hi Robin", sagt Niklas bemüht freundlich. „Ich bin Niklas. Wo kann ich denn noch was bauen?" Den Rest des Tages sind die vier Jungen unzertrennlich. Erst bauen sie weiter an der Sandburg, dann gehen sie zusammen ins Wasser und anschließend spielen sie eine Runde Fußball. Das macht zu viert noch viel mehr Spaß als zu dritt, stellt Niklas fest.

Als Papa und Niklas am Abend zurück zu ihrer Ferienwohnung gehen, ist Niklas richtig gut gelaunt. „Ich freu mich schon auf morgen. Dann spielen wir wieder zusammen. Du hattest recht: Mit Robin macht es noch mehr Spaß. Und diesen Spruch von Jesus – den werde ich mir merken."

Ein Baumhaus voller Luftballons

„Jule, bist du da?", ruft Thorben und blickt nach oben ins Baumhaus. Jule steckt den Kopf aus der Baumhaus-Tür.
„Ja, ich bin hier. Komm hoch!", fordert sie Thorben auf. Schnell klettert dieser die Leiter hinauf.
Thorben und Jule gehören zur Baumhaus-Bande. Außer ihnen ist noch Jonas Mitglied der Bande. Und ein bisschen auch ihr Chef. Denn das Baumhaus steht im Garten von Jonas' Familie. Jule und Thorben wohnen in derselben Straße wie Jonas. Die drei gehen in dieselbe Klasse.
Nächste Woche hat Jonas Geburtstag. Jule und Thorben möchten ihm etwas ganz Besonderes schenken. Sie planen eine Überraschung für ihn. Allerdings sind sie sich noch nicht einig, wie diese Überraschung aussehen soll. Sie haben sich für heute Nachmittag im Baumhaus verabredet. Jonas hat Klavierunterricht. Da können sie ungestört über seine

Geburtstagsüberraschung sprechen.
„Ich fände ein Feuerwerk toll", schwärmt
Thorben. Er liebt alles, was knallt.
„Das ist doch viel zu gefährlich", wendet Jule
ein. „Nachher brennt unser Baumhaus noch ab."
Sie überlegt einen Moment. „Wie wäre es mit
einem coolen Sessel fürs Baumhaus?"
Thorben schüttelt den Kopf. „Erstens ist das zu
teuer. Und zweitens: Wie willst du den Sessel
die Leiter hochtragen?"

„Ja, du hast recht", gibt Jule zu. „Aber ich fände
es schon cool, wenn es was mit dem Baumhaus
zu tun hat. Es müsste nur irgendwas Leichtes
sein."

„Luft ist leicht", überlegt Thorben laut. Dann
springt er begeistert auf: „ Ich hab's! Luftballons!
Die sind leicht. Und damit können wir das
Baumhaus schmücken."

„Hm, nur so'n paar Luftballons als Deko finde ich
aber nicht besonders originell", meint Jule.
„Wenn, dann müssten wir das Baumhaus
komplett mit Luftballons vollstopfen. Und
anschließend lassen wir sie fliegen."

Thorben hüpft vergnügt im Baumhaus herum.
„Das wird cool! Wir packen das Baumhaus ganz
voll mit Luftballons. Sodass Jonas gar nicht
mehr reinkommt."

„Ja, und unter den Luftballons verstecken wir
seine Geschenke", überlegt Jule. „Das müssen
wir nur noch mit Jonas' Eltern besprechen."

Die beiden Freunde klettern schnell die Leiter
nach unten. Sie klingeln an der Haustür der
Familie Schulze. Herr Schulze, Jonas' Vater, öffnet.
„Hallo, ihr beiden. Jonas ist nicht da. Er hat seine
Klavierstunde", erklärt er.

Jule ist ganz zappelig. „Das wissen wir. Gerade deswegen müssen wir jetzt mit Ihnen sprechen. Es geht um Jonas' Geburtstag."

„Na, dann kommt mal rein." Herr Schulze geht mit den Kindern ins Wohnzimmer. Sie setzen sich aufs Sofa. „Also, was habt ihr vor?" Jule und Thorben erzählen Herrn Schulze von ihrer Idee. Jonas' Papa ist begeistert. „Dann müssen wir in der Nacht vorher die Luftballons aufblasen", überlegt er. „Gut, dass Ferien sind, dann dürft ihr mir bestimmt helfen. Wir brauchen allerdings Helium, wenn ihr die Luftballons hinterher fliegen lassen wollt."

„Warum das?", fragt Thorben.

„Wenn wir die Ballons mit Luft aufpumpen, fliegen sie nicht richtig. Helium ist ein Gas, das leichter ist als Luft. Damit können Ballons richtig weit fliegen. Aber das ist kein Problem, das kann ich besorgen." Herr Schulze macht sich ein paar Notizen, was er einkaufen muss.

Am Abend vor Jonas' Geburtstag schleichen sich Jule und Thorben in den Garten von Familie Schulze. Am Baumhaus treffen sie Jonas' Papa. Er hat eine Gasflasche mit dem Helium dabei. Außerdem eine große Tüte bunter Luftballons.

„Hallo", flüstert er den beiden Kindern zu. „Ihr
kommt genau richtig. Jonas schläft schon. Seine
Geschenke habe ich ins Baumhaus gelegt. Jetzt
können wir mit den Ballons loslegen."
Als sie den ersten Luftballon mit dem Helium
aufblasen, zucken alle drei erschrocken
zusammen. Das macht ganz schön viel Krach.
„Mist, das habe ich nicht bedacht", ärgert sich
Herr Schulze. „Das Gas wird mit Druck in
die Luftballons gepresst. Daher kommt das
Geräusch."
Thorben schaut ganz besorgt. „Hoffentlich wacht
Jonas nicht auf."

„Meistens schläft er ziemlich fest", meint Jonas'
Papa. „Aber du kannst ja mal sicherheitshalber
zu seinem Zimmer schleichen. Wenn er wach
geworden ist, sag uns schnell Bescheid."
Leise wie ein Indianer schleicht Thorben
ins Haus. Hier ist alles dunkel. Ganz schön
unheimlich. Aber zum Glück kennt er sich gut
aus. Ohne Probleme findet er die Treppe.
Vorsichtig geht er nach oben. Auf der rechten
Seite ist Jonas' Zimmer. Die Tür ist angelehnt.
Thorben lauscht. Er hört, wie Jonas tief atmet.
Er scheint tatsächlich zu schlafen. Erleichtert
kehrt Thorben in den Garten zurück. Am
Baumhaus warten Jonas' Papa und Jule
gespannt auf ihn.
„Und, ist er aufgewacht?", fragt Jule.
Thorben schüttelt den Kopf. „Nein, alles in
Ordnung. Er schläft wie ein Murmeltier."
„Na, dann können wir ja weitermachen", erklärt
Jonas' Papa. Er kümmert sich ums Aufblasen
der Luftballons. Jule und Thorben klettern
abwechselnd die Leiter nach oben, um sie im
Baumhaus zu verstauen. Dabei müssen sie gut
aufpassen, dass die Ballons nicht jetzt schon
wegfliegen. Nach einer halben Stunde haben

sie es geschafft: Das Baumhaus ist voller
Luftballons. Damit sie nicht aus dem Fenster
und der Tür davonfliegen, haben sie ein Netz
davorgehängt.
Stolz betrachten Jule und Thorben ihr Werk.
„Im Hellen sieht es bestimmt noch viel cooler
aus", überlegt Jule. „Bin mal gespannt, was
Jonas morgen sagt."
Thorben gähnt. „Jetzt bin ich aber müde. Ich bin
bestimmt hundertmal die Leiter hochgeklettert.
Komm, wir gehen nach Hause. Wir müssen
morgen früh aufstehen. Ich will schon hier sein,
wenn Jonas aufwacht und seine Geschenke
sucht."
Am nächsten Morgen treffen sich Jule und
Thorben um acht Uhr am Baumhaus. Sonst
schlafen sie in den Ferien meist länger. Aber
heute ist ja auch ein besonderer Tag.
Kurz nach acht wacht Jonas auf. „Heute ist mein
Geburtstag!", schießt ihm als Erstes durch den
Kopf. Schnell zieht er sich an und geht nach
unten. Seine Eltern sitzen am Küchentisch.
„Happy Birthday" singen sie, als Jonas in die
Küche kommt.
Seine Mama steht auf und umarmt ihn.

„Ich wünsche dir alles Gute für dein neues Lebensjahr, mein Großer. Und dass Gott immer gut auf dich aufpasst."

„Danke Mama", sagt Jonas. Dabei schielt er zum Küchenregal. Normalerweise liegen dort an Geburtstagen immer die Geschenke. Aber jetzt steht da nur der Obstkorb.

Sein Papa klopft Jonas auf die Schulter. „Auch von mir herzlichen Glückwunsch. Machst du dir Sorgen, dass wir deine Geschenke vergessen haben?" Er lacht. „Keine Angst. Deine Baumhaus-Bande hat sich was ganz Besonderes ausgedacht. Am besten gehst du mal in den Garten."

Jonas läuft schnell nach draußen. Zuerst sieht er Jule und Thorben. Sie stehen grinsend an ihrem Baum. Dann schaut Jonas nach oben zum Baumhaus. Vor Staunen bleibt ihm der Mund offen stehen. „Ey Leute, das ist ja megacool. Ein Baumhaus voller Luftballons! Das war doch bestimmt eure Idee."

Jule und Thorben freuen sich, dass ihre Überraschung gelungen ist. Aber bevor Jonas ins Baumhaus klettern darf, gratulieren sie ihm erst mal zum Geburtstag.

„Was meinst du, wo deine Geschenke sind?", fragt Thorben.

Jonas blickt nach oben. „Im Baumhaus?"

Jule nickt. „Wenn du da ranwillst, muss du aber erst mal die Ballons fliegen lassen."

„Das ist ja cool", ruft Jonas begeistert. Schnell klettert er die Leiter zum Baumhaus hoch. Er entfernt das Netz von der Tür und lässt die Luftballons fliegen. Es sieht toll aus, wie die bunten Ballons alle in den blauen Himmel fliegen. Jonas' Mama macht Fotos, damit Jonas sich immer daran erinnern kann.

Jule wird bei diesem Anblick ganz nachdenklich. „Irgendwie ist das wie Beten", meint sie schließlich.

Thorben schaut sie fragend an: „Wie kommst du denn darauf?"

„Na ja, ich stell mir grade vor, dass jeder Ballon ein Gebet ist. Und dass er zu Gott fliegt. Ob der sich auch über die vielen Ballons freut?"

„Bestimmt", meint Thorben. „Immerhin hat Gott ja den Regenbogen erfunden. Bunte Farben scheint er also zu mögen."

Inzwischen ist Jonas im Baumhaus zu seinen Geschenken vorgedrungen.

„Neue Inliner!", ruft er begeistert. „Und ein Buch
mit Freundschaftsgeschichten!"
Vollbepackt kommt er die Leiter runter.
„Danke, Jule und Thorben. Das war eine tolle
Überraschung. Diesen Geburtstag werde ich nie
vergessen! Ihr seid super Freunde."

Jagd auf den Dieb

Antonia und Hanna sind BFF: „Best Friends forever" – „Beste Freundinnen für immer". Sie unternehmen jeden Tag etwas zusammen. Dabei sind sie eigentlich sehr unterschiedlich. Antonia ist ein ruhiges Mädchen und meistens sehr vernünftig. Sie liest gern und mag Tiere. Am liebsten ihre Katze Susi.

Hanna dagegen ist ziemlich wild. Mit Büchern kann sie nicht so viel anfangen. Dafür mag sie Sport. Sie spielt Fußball bei den Minikickern und geht gern schwimmen. Und sie liebt alles, was Räder hat und schnell ist: Inliner, Fahrrad, Skateboard …

Heute sind Antonia und Hanna mit ihren Inlinern unterwegs. Hanna will noch gern beim Supermarkt vorbeifahren. Dort gibt es die Fußballkarten, die sie sammelt. Antonia hat ein bisschen Mühe, mit Hanna mitzukommen. Ihre Freundin ist immer viel schneller. „Wie macht sie das bloß?", überlegt Antonia. „Wahrscheinlich liegt es daran, dass Hanna keine Angst hat."

Antonia ist nämlich letzte Woche mit den Inlinern hingefallen und hat sich ziemlich wehgetan. Seitdem fährt sie noch vorsichtiger als sonst. Aber weil Hanna eine richtig gute Freundin ist, wartet sie auf Antonia. Und macht auch keinen blöden Spruch, weil sie so langsam ist.

Am Eingang zum Supermarkt gibt es einen Zeitungsstand. Dort bekommt man auch Fußballkarten. Hanna überlegt, ob sie sich zwei oder drei Tüten von ihrem Geld kaufen kann. Da hören die beiden Mädchen plötzlich Geschrei. „Hilfe! Haltet den Dieb!"

In diesem Moment rennt ein Mann an ihnen vorbei zum Ausgang.

„Er hat Geld aus der Kasse genommen", schreit eine Kassiererin.

Hanna stößt Antonia in die Seite: „Los, hinterher!"

„Spinnst du? Der ist doch gefährlich!", empört sich Antonia.

„Los, komm. Wir verfolgen ihn. Dann sehen wir vielleicht, wohin er flieht." Hanna hat die Fußballkarten wieder zurückgelegt und ist auf dem Weg zum Ausgang.

Antonia fährt hinterher. Schließlich ist Hanna

ihre Freundin. „Aber wir bleiben in sicherem Abstand", ruft sie Hanna zu.

Als sie auf den Supermarkt-Parkplatz kommen, sehen sie den Dieb. Er hat die Straße überquert und läuft Richtung Innenstadt. „Lass uns auf dieser Seite der Straße bleiben", meint Antonia. So schnell sie kann, fährt sie hinter Hanna her.

„Okay!", ruft die Freundin.

Nach einiger Zeit wechselt der Dieb wieder die Straßenseite. Er ist langsamer geworden. Er denkt wohl, dass ihn niemand verfolgt. Die beiden skatenden Mädchen nimmt er gar nicht wahr.

Plötzlich bleibt Hanna stehen. Antonia kann gerade noch rechtzeitig bremsen. Fast hätte sie ihre Freundin umgefahren.

„Sieh mal!", sagt Hanna etwas außer Atem. „Er biegt da vorn in den Birkhuhnweg ein. Er will sich bestimmt in dem kleinen Wäldchen dort verstecken."

„Ja, und dann wartet er erst mal ab. Bis er sichergehen kann, dass niemand ihm folgt", ergänzt Antonia. „Wir sollten der Polizei Bescheid sagen. Mit den Inlinern können wir eh nicht in den Wald. Und das ist mir auch zu gruselig."

„Okay", meint Hanna. „Da vorn ist ein Kiosk. Da können wir die Polizei anrufen."

Die beiden Mädchen fahren zu dem kleinen Laden. Sie bitten den erstaunten Verkäufer, mit der Polizei telefonieren zu können. Er gibt ihnen sein Handy. Hanna wählt die 110. „Hallo, hier ist Hanna Gruber. Wir sind einem Dieb gefolgt, der den Supermarkt überfallen hat. Wir haben gesehen, dass er in den Birkhuhnweg gelaufen ist. Vielleicht will er sich in dem Wäldchen dort verstecken." Hanna hört noch kurz zu. Dann verabschiedet sie sich und legt auf. Sie gibt dem Verkäufer sein Handy zurück.

„Na, ihr seid ja tolle Detektivinnen", sagt er anerkennend.

„Was hat die Polizei gesagt?", fragt Antonia neugierig.

Hanna ist schon wieder auf dem Bürgersteig.

„Wir sollen hier an der Straßenecke warten, bis die Polizisten da sind", meint sie.

Drei Minuten später kommen drei Polizeiwagen angefahren. Sie biegen in den Birkhuhnweg und halten am Rande des Wäldchens. Die Polizisten steigen aus. Sie gehen zum Wäldchen. Hanna möchte ihnen am liebsten folgen. Aber eine freundliche Polizistin hält sie zurück. „Ihr bleibt mit mir hier bei den Autos", erklärt sie. „Falls der Dieb noch einmal flüchtet, müsst ihr doch gucken, wo er hinläuft", fügt sie lächelnd hinzu. Es dauert nicht lange, da kehren die Polizisten schon zurück. Zwei von ihnen haben den Dieb in ihre Mitte genommen und halten ihn fest. Er guckt ziemlich grimmig. Die Polizisten setzen ihn in ein Polizeiauto. Einer der Polizisten geht zu den beiden Freundinnen.

„Das habt ihr super gemacht", lobt er sie. „Er hatte sich tatsächlich im Wald versteckt. Aber nicht besonders gut. Er hat wohl nicht mit so cleveren Detektivinnen gerechnet." Er schüttelt Hanna und Antonia anerkennend die Hand. „Ihr habt das genau richtig gemacht. Ihr seid ihm gefolgt, aber mit so großem Abstand und so unauffällig, dass er es nicht gemerkt hat. Und dann habt ihr uns Bescheid gesagt. Das war gut. Vor allem, dass ihr nicht selbst in den Wald gegangen seid."

„Kriegen wir jetzt eine Belohnung?", fragt Hanna neugierig.

Antonia ist das ein bisschen peinlich. „Hanna, das fragt man doch nicht!"

Der Polizist lacht. „Schon okay. Wir sprechen mal mit dem Besitzer vom Supermarkt. Der lässt bestimmt ein großes Eis für euch springen."

Dann fahren die Polizeiwagen weg. Hanna und Antonia sind noch ganz aufgeregt von dem Abenteuer.

„Was machen wir jetzt?", fragt Hanna.

Antonia überlegt nicht lange: „Na, du wolltest doch Fußballkarten kaufen."

Eintrag ins Hausaufgabenheft

„Mia, jetzt reicht es aber!", schimpft Frau
Städtler. „Du hörst ja gar nicht auf zu
quatschen."
Mia wird rot. Frau Städtler hat ja recht. Aber Mia
muss ihrer Freundin Lisa doch so dringend von
Janus erzählen. Janus ist ihr neues Kaninchen.
Nur noch ganz schnell, was er am liebsten frisst:
„Lisa, du glaubst nicht, wie gern er Möhren
mag."

Plötzlich steht Frau Städtler vor Mia und schaut sie drohend an.

„Mia, gib mir bitte dein Hausaufgabenheft. Ich schreibe eine Bemerkung für deine Eltern hinein. Die müssen sie unterschreiben. Ich verstehe nicht, was mit dir los ist. Du bist doch sonst so aufmerksam."

Mia weiß nicht, was sie sagen soll. Ihr Herz klopft so laut, dass es bestimmt die ganze Klasse hört. Sie kramt ihr Hausaufgabenheft aus dem Tornister.

„Mia hat gestern ein neues Kaninchen bekommen", erklärt Lisa. „Das wollte sie mir nur erzählen."

Frau Städtler schreibt etwas in Mias Heft. Dann wendet sie sich Lisa zu. „Lieb, dass du dich für deine Freundin einsetzt. Aber über das Kaninchen könnt ihr euch in der Pause unterhalten." Sie klappt das Hausaufgabenheft zu und gibt es Mia zurück. „Und vergiss nicht, es deinen Eltern zu zeigen. Morgen möchte ich ihre Unterschrift sehen."

Mia würde am liebsten im Boden versinken. Einen Eintrag ins Hausaufgabenheft hat sie noch nie bekommen. Was ihre Eltern wohl dazu sagen? Ihr Vater flippt bestimmt aus. Der wird immer so schnell wütend.

Endlich klingelt es zur Pause.

„Los, zeig mal, was drin steht", meint Lisa. Mia schlägt das Heft auf. „Ihre Tochter Mia hat heute permanent den Unterricht gestört", liest sie vor.

„Was heißt denn permanent?", will Lisa wissen.

„Ach, das sagt mein Vater auch immer. Ich glaube, das heißt so was wie 'ohne Ende'." Dann fängt Mia an zu weinen.

„Hey, sei nicht traurig", versucht Lisa sie zu trösten. „Kann doch jedem mal passieren. Du warst eben so begeistert von deinem Janus. Ist doch nicht so schlimm."

„Doch, es ist schlimm", beharrt Mia. „Mein Papa ist bestimmt total sauer. Vielleicht kriege ich auch Hausarrest. Dabei wollten wir doch heute Nachmittag ins Freibad gehen."

Langsam steigen die beiden Mädchen die Treppe hinunter zum Pausenhof. Mia ist es peinlich, dass sie weint. Mit einem Taschentuch wischt sie sich die Tränen weg. „Du, Lisa", erklärt sie, „ich trau mich nicht nach Hause. Kann ich nach der Schule mit zu dir?"

Lisa schüttelt den Kopf. „Das bringt doch nichts. Irgendwann musst du es ihnen ja zeigen. Augen zu und durch!"

„Du hast gut reden", sagt Mia wütend. „Deine Eltern würden ja auch cool reagieren. Und wahrscheinlich noch von ihren Strafen in der Schule erzählen."

Lisa muss lachen. „Da hast du recht. In der Schule waren die viel schlimmer als ich." Sie überlegt einen Moment. Dann hat sie eine Idee: „Weißt du was? Ich komme einfach mit zu dir. Wenn ich dabei bin, schimpft dein Papa bestimmt nicht so doll. Und wenn doch, dann sage ich ihm, dass du nur von Janus erzählt hast."

„Das würdest du machen?" Mia blickt Lisa hoffnungsvoll an.

„Klar, ich bin doch deine Freundin. Ich kann ja dann meine Mutter anrufen, dass ich noch mit zu dir gegangen bin." Lisa legt Mia den Arm um die Schulter. „Gemeinsam schaffen wir das. Und du kannst mir direkt deinen Janus zeigen."

Mia wird es ein bisschen leichter ums Herz. Wie gut, dass sie eine Freundin wie Lisa hat!

Nach der Schule machen sich Lisa und Mia gemeinsam auf den Heimweg. Mia würde am liebsten in der Schule bleiben. Oder sonstwohin gehen. Nur nicht nach Hause. Lisa nimmt sie an der Hand. Sie erzählt alles Mögliche, damit Mia auf andere Gedanken kommt: von ihrem Urlaub an der Nordsee, von dem süßen Hund ihrer Nachbarn, von dem geplanten Ausflug am Wochenende ... Plötzlich stehen sie vor Mias Haus. Lisa schiebt sie leicht nach vorn. „Na komm, dann hast du es hinter dir", ermutigt sie die Freundin.

Mia klingelt. Der Türöffner summt. Mia schiebt die Haustür auf und geht schweren Herzens die beiden Treppen nach oben. Dann steht sie vor der Wohnungstür. Ihr Vater macht auf.

„Hallo Mia, schon wieder zurück? Ach, und du hast deine Freundin mitgebracht? Kommt rein!" Er öffnet die Tür weit und lässt die Mädchen in die Wohnung. „Na, wie war euer Tag?", will er wissen.

Mia fasst sich ein Herz. „Nicht so gut", gesteht sie kleinlaut.

„Was soll das heißen?", fragt ihr Vater ein bisschen zu laut.

„Ich habe einen Eintrag im Hausaufgabenheft. Hier!" Mia zeigt ihrem Vater das Heft.

Er liest den Eintrag. Sein Gesicht wird rot. Das kennt Mia. Gleich wird er losbrüllen.

„Herr Seiler", sagt Lisa schnell. Sie hat auch gemerkt, dass Mias Papa wütend ist. „Mia hat gar nichts Schlimmes gemacht. Sie hat sich nur so über ihr neues Kaninchen gefreut. Das haben Sie ihr doch geschenkt, oder? Und davon wollte sie mir unbedingt erzählen. Damit konnte sie nicht bis zur Pause warten."

Mias Papa schaut Lisa überrascht an. Er atmet geräuschvoll aus. Als würde die ganze Wut aus seinem Bauch rauskommen. „Du meinst, ich sollte nicht mit Mia schimpfen?", fragt er Lisa.

„Genau. Mia hat schon genug Ärger von Frau

Städtler bekommen. Und sie hat Angst vor
Ihnen. Sie wollte erst gar nicht nach Hause
gehen. Und das nur, weil sie ein bisschen zu
viel geredet hat. Das kommt bestimmt nicht so
schnell wieder vor."
Mia kann nicht glauben, wie Lisa mit ihrem Vater
spricht. Sie ist so mutig.
Herr Seiler lässt sich auf einen Küchenstuhl
fallen. „Ach Lisa, du hast ja recht." Er wendet
sich an seine Tochter. „Mia, komm mal her."
Zögernd geht Mia zu ihm. Ihr Vater nimmt sie
in den Arm. „Entschuldige, dass ich gleich

losmeckern wollte. Ich hab früher auch viel
gequatscht in der Schule. Einmal musste
ich sogar zum Direktor. Das kann schon mal
vorkommen. Ich will nicht, dass du Angst vor mir
hast. Aber Eltern machen eben auch nicht immer
alles richtig."
Mia kommt aus dem Staunen nicht mehr heraus.
So hat sie ihren Vater schon lange nicht mehr
erlebt. Sie kuschelt sich an ihn. „Du musst das
aber noch unterschreiben", sagt sie zaghaft.
„Klar, das mache ich", erwidert ihr Papa.
Schwungvoll schreibt er seinen Namen ins
Hausaufgabenheft. Dann wendet er sich an Lisa:
„Danke, dass du Mia begleitet hast. Du bist eine
echte Freundin. Aber musst du nicht zu Hause
Bescheid sagen, dass du hier bist?"
„Oh, das habe ich in der Aufregung
ganz vergessen", ruft Lisa. „Darf ich mal
telefonieren?"
„Na klar", sagt Mias Papa.
„Soll ich dir danach noch Janus zeigen?", fragt
Mia ihre Freundin.
Lisa nickt. „Natürlich. Immerhin ist er an allem
schuld."

Schnitzeljagd ohne Schnitzel

Bald wird Mats sieben. Endlich! Und natürlich will er seinen Geburtstag mit seinen Freunden feiern. Nun überlegt er zusammen mit Mama, was sie am Geburtstag machen.

„Wir wollen Fußball spielen", überlegt Mats. „Und Kuchen essen."

„Na klar", meint Mama. „Und abends kann Papa Würstchen grillen für euch."

Mats denkt nach. „Dann müssen es aber Putenwürstchen sein. Sami isst doch kein Schweinefleisch."

„Das ist doch kein Problem", erwidert Mama. „Was wollt ihr denn noch spielen? Sollen wir vielleicht eine Schnitzeljagd machen?"

„Was ist denn eine Schnitzeljagd?", fragt Mats. „Muss man da Schnitzel suchen?"

Mama lacht. „Nein, mit den Schnitzeln zum Essen hat das nichts zu tun. Sondern mit Papierschnitzeln oder -schnipseln. Die Jagd funktioniert so: Eine Gruppe geht vor. Sie markiert ihren Weg mit Papierschnitzeln oder etwas anderem. Die zweite Gruppe folgt ihnen nach einer Viertelstunde. Sie muss versuchen, den Weg der anderen nachzugehen und sie zu finden oder zu fangen."

Mats ist begeistert: „Au ja! Das machen wir. Ich will aber bei den Verfolgern sein!"

„Du hast doch fünf Freunde eingeladen, nicht wahr?", fragt Mama. „Dann können ja jeweils drei Kinder eine Gruppe bilden. Bei der ersten Gruppe gehe ich mit und bei der zweiten Papa. Wir nehmen aber keine Papierschnipsel. Die fliegen so schnell weg, wenn es windig ist. Ich habe noch kleine gelbe Dekosteinchen. Mit denen markieren wir den Weg. Einverstanden?"

„Einverstanden!", sagt Mats voller Vorfreude.

Endlich ist der Geburtstag gekommen. Zum Glück ist heute Samstag. Da muss Mats nicht in die Schule. Er kann es kaum abwarten, dass endlich seine Freunde kommen. Es klingelt. Wie der Blitz rennt Mats zur Tür. „Lukas, Sami – schön, dass ihr da seid." Kaum haben die beiden Jungs ihre Schuhe ausgezogen, schellt es schon wieder. Nun steht Konstantin vor der Tür. Und wenige Minuten später kommen Lars und Sven. Nun sind sie komplett.

Die Kinder setzen sich in einen Kreis. In der
Mitte liegt eine leere Flasche. Die darf Mats nun
drehen. Der Junge, auf den sie zeigt, gibt Mats
sein Geschenk. Zuerst ist Lars dran. Er hat ein
Lego-Auto gekauft. Von Sven bekommt Mats ein
Buch, von Konstantin eine CD. Lukas und Sami
haben zusammen ein Geschenk mitgebracht:
einen Fußball. Mats freut sich sehr: „Cool, den
können wir ja nachher einweihen."
Aber erst einmal gibt es Kuchen. Schnell stopfen

58

sich die Jungs den Schokokuchen und die Blaubeermuffins in den Mund. Sie können es kaum erwarten, Fußball zu spielen. Als sie eine halbe Stunde gespielt haben, ruft Mats' Mutter: „Hey, sollen wir jetzt die Schnitzeljagd machen?" Sami guckt unsicher. „Wenn das Schweineschnitzel sind, darf ich die nicht essen", sagt er schüchtern.

Mats legt ihm den Arm um die Schulter: „Keine Sorge, Kumpel. Ich hab auch erst gedacht, wir würden ein Schnitzel jagen. Aber mit Schnitzeln hat das nichts zu tun. Und zum Essen gibt es nachher Würstchen. Natürlich Putenwürstchen." Sami ist erleichtert. Und Mats' Mama erklärt den Kindern, wie die Schnitzeljagd funktioniert. Sami, Lukas und Lars sind in der ersten Gruppe. Mats, Konstantin und Sven in der zweiten. Mats' Mama geht mit der ersten Gruppe los. Sie haben eine Tüte mit den gelben Dekosteinen dabei.

Die Jungs der zweiten Gruppe können es kaum abwarten, auch loszugehen. Endlich ist eine Viertelstunde vorbei. „So, los geht's!", ruft Mats' Papa.

Zuerst einmal müssen sie die Straße überqueren und in einen Feldweg einbiegen.

Sie haben abgesprochen, dass die erste Gruppe sich irgendwo im Wald versteckt.

„Jetzt müssen wir nach den Steinchen Ausschau halten", fordert Mats seine Freunde auf. Aber nirgendwo sind gelbe Steine zu entdecken.

„Wir gehen einfach mal den Weg weiter bis zur nächsten Weggabelung", schlägt Mats' Papa vor. „Dort haben sie bestimmt welche ausgelegt, damit wir wissen, wo sie langgegangen sind."

Schnell laufen Konstantin, Sven und Mats weiter. Sie kommen an eine Stelle, wo der Weg nach rechts und nach links weitergeht. „Sven, geh du mit Konstantin nach links. Sucht da nach Steinen. Ich gehe mit Papa nach rechts."

Die Jungs suchen überall nach den gelben Steinen. Aber nichts ist zu sehen.

„Oh Mann, die sind so blöd!", regt Mats sich auf. „Die haben bestimmt vergessen, den Weg zu markieren."

„Das glaube ich nicht", meint Papa. „Vielleicht haben sie die Hinweise besonders gut versteckt."

Die Kinder suchen weiter. Aber sie finden nichts. Schließlich treffen sie sich wieder an der Kreuzung.

„Und, was machen wir jetzt?", fragt Sven.

„Ich glaube, die sind hier rechts gegangen",
überlegt Papa. „Da geht es direkt in den Wald.
Aber ich verstehe nicht, warum sie keine Steine
ausgestreut haben."

Die vier machen sich auf den Weg. „Ruf doch
mal Mama an", schlägt Mats vor.

„Gute Idee!", erwidert Papa. „Aber ich hab
dummerweise mein Handy vergessen."

„Oh Papa!", ruft Mats ärgerlich. „Warum hast
du so ein teures Handy, wenn du es ständig
zu Hause liegen lässt?" Mats kommen fast
die Tränen. Er hatte sich die Schnitzeljagd so
spannend vorgestellt. Und jetzt geht alles schief.
Sein Papa nimmt ihn in den Arm. „Wir finden
die andern schon", tröstet er Mats. „Und dann
werden wir sie jagen, bis sie umfallen."

„Guck mal, da vorn sind ganz viele Vögel", ruft
Sven plötzlich. Auf dem Weg vor ihnen sitzen
tatsächlich mehrere Krähen und picken eifrig.

„Vielleicht hat der Bauer ein paar Weizenkörner
verloren", vermutet Papa.

Als sie die Stelle mit den Vögeln erreichen, sind
die schon wieder weggeflogen. Von Körnern
keine Spur. Auch sonst ist nichts zu sehen.

Inzwischen ist die Gruppe im Wald angekommen. Nirgendwo auf dem Weg haben sie ein Zeichen der anderen Gruppe entdecken können. Wieder stehen sie an einer Wegkreuzung. Entschlossen geht Mats' Papa nach links. An der nächsten Gabelung halten sie sich rechts.

„Immer der Nase nach", versucht Papa zu scherzen. Aber den drei Jungs ist das Lachen vergangen.

„Und wenn wir uns verlaufen?", fragt Konstantin ängstlich.

„Mein Papa kennt sich hier aus", behauptet Mats. „Ist doch so, oder?" Fragend blickt er seinen Vater an.

Der zuckt mit den Schultern. „Naja, eigentlich schon."

Inzwischen sind die vier Verfolger schon eine Stunde unterwegs. Mats ist sauer, Konstantin hat Angst. Und Sven ist genervt von der blöden Rumlauferei. „Sollen wir nicht lieber umkehren und zurückgehen?", schlägt Sven vor. „Die andern sind bestimmt schon wieder bei euch zu Hause. Und essen den Rest vom Kuchen."

„Ja, du hast recht. Das hier hat wohl keinen Sinn mehr. Also, alle Mann umkehren!" Mats'

Papa bleibt stehen und geht den Weg wieder zurück. Doch an der nächsten Weggabelung ist er unsicher. „Sind wir hier von rechts gekommen oder von links?"

Jetzt hat Konstantin endgültig die Nase voll. Er fängt an zu weinen. Sven tröstet ihn. „Hey, wir sind doch zusammen. Da passiert uns nichts."

Mats hat eine Idee: „Papa, kannst du nicht vielleicht beten? Du sagst doch immer, dass wir mit Gott über alles reden können. Vielleicht kann er uns ja helfen."

Mats' Papa stimmt ihm zu: „Du hast recht. Das ist eine gute Idee. Dumm, dass ich nicht schon eher dran gedacht habe. Also, ich bete mal, okay?"

Die Jungs nicken.

„Lieber Gott! Du siehst, dass wir hier ein bisschen verloren sind im Wald. Und dass ich Blödmann mein Handy vergessen habe. Und dass ich mich hier nicht so gut auskenne. Es tut mir leid, dass ich die Jungs in diese Situation gebracht habe. Wäre toll, wenn du uns helfen kannst. Dass wir zurück nach Hause finden. Oder dass wir die andern finden. Danke schon mal. Amen."

Konstantin und Sven sehen sich an. Das mit dem Beten kennen sie von zu Hause nicht so. Aber irgendwie ist es toll, wenn man jemanden hat, der einem in so einer Situation hilft. Ob er es wohl macht? Sie laufen weiter. Ob das der richtige Weg ist, wissen sie nicht so genau. Aber plötzlich hören sie Stimmen.

Mats spitzt die Ohren. „Hey, das sind die anderen!"

Alle rennen los. Hinter einer Wegbiegung stehen sie: Mama, Sami, Lars und Lukas. Mats rennt seiner Mama in die Arme. „Endlich!", ruft er. Und er vergisst ganz, dass sie ja eigentlich die andern jagen und fangen wollten. Daran denkt auch sonst keiner mehr.

„Wo wart ihr denn so lange?", fragt Mats' Mama. „Wir haben uns schon Sorgen gemacht."

„Ja, wir haben ewig hier in einem super Versteck gelauert", ergänzt Sami. „Jetzt wollten wir grad wieder zurückgehen."

„Vielleicht hättet ihr ein paar Steine verstreuen können. Dann hätten wir euch auch schneller gefunden. So haben wir uns voll verlaufen."

Jetzt ist Mats' Wut wieder da.

Mama sieht ihn ratlos an: „Aber wir haben

überall Steine verstreut. Vor allem an den
Kreuzungen."
„Da war aber nirgendwo etwas", mischt
sich Mats' Papa ein. „Wir haben doch alles
abgesucht."
„Ach, ihr habt bestimmt nicht richtig geguckt",
meint Lukas.
Mats schaut ihn herausfordernd an: „Na, das
sehen wir ja, wenn wir zurückgehen."
Und tatsächlich: Auch auf dem Rückweg sind
keine gelben Steine zu finden. Auch nicht an den
Stellen, wo die erste Gruppe sie ausgestreut hat.
„Wie kann das sein?", fragt Mats' Mutter ratlos.
„Die Vögel!", ruft Papa. „Vielleicht haben die
Vögel die Steine aufgepickt. Sie dachten wohl,

das wäre Mais. Oder etwas anderes zu fressen."
Mats schüttelt den Kopf: „Meinst du, die Vögel
sind so doof? Na, hoffentlich kriegen sie keine
Bauchschmerzen."
Seine Mutter ärgert sich: „Darüber habe ich
gar nicht nachgedacht. Sehen ja wirklich ein
bisschen aus wie Mais. Dann hätten wir lieber
was anderes genommen zum Markieren."
„Na ja, zum Glück haben wir euch ja noch
gefunden", meint Mats. „Und bestimmt hat Gott
auch mitgeholfen."

Referat mit Hund

Heute kommt Anna schlecht gelaunt aus der Schule.

„Was ist denn los?", fragt ihre Mutter.

„Ich muss heute Nachmittag ein Referat machen", antwortet Anna knapp.

„Worüber denn?", will ihre Mama wissen.

„Über Hunde."

Mama schaut Anna erstaunt an. „Aber das Thema hattest du dir doch gewünscht. Du magst doch Hunde."

„Jaaa", sagt Anna gedehnt. „Aber ich muss das Referat mit Stella zusammen halten. Die ist total nervig."

Annas Mutter setzt sich hin und zieht Anna auf ihren Schoß. „Ich kann ja verstehen, dass du das lieber mit deiner Freundin Svenja vorbereiten würdest. Aber so schlimm ist das doch auch nicht."

Anna springt auf. „Ach Mama", ruft sie. „Du kennst Stella nicht. Die kann nicht mal richtig Deutsch."

„Dafür kann sie wahrscheinlich besser Italienisch als du. Sie kommt doch aus Italien, oder?"

„Ja", gibt Anna zu. „Aber wir sollen das Referat ja nicht auf Italienisch halten. Wahrscheinlich mache ich die ganze Arbeit. Und Stella bekommt dann auch eine gute Note."

Mama überlegt. Dann meint sie: „Bestimmt hat deine Lehrerin sich was dabei gedacht. Sie denkt, dass du Stella ein bisschen helfen kannst. Das ist doch nicht schlimm. Im Gegenteil: Es ist doch eine tolle Sache, anderen zu helfen."

„Ich hab aber keine Lust dazu!" Wütend stampft Anna mit dem Fuß auf und rennt in ihr Zimmer. Mit einem lauten Knall fliegt die Tür hinter ihr zu.

Zwei Stunden später schellt es. Anna öffnet. Stella steht vor der Tür. Aber sie ist nicht allein. Ein Golden Retriever sitzt neben ihr. Neugierig schaut er Anna an.

„Hi Stella", sagt Anna. „Ist das dein Hund?"
„Ja. Das ist Lupo. Er ist ganz lieb. Darf er mit rein?"
„Natürlich." Anna ist total überrascht. Sie wusste nicht, dass Stella einen Hund hat. Und dazu noch so einen süßen.
Die Mädchen setzen sich an den Küchentisch. Lupo legt sich neben Stellas Stuhl. Anna hat ein Tierlexikon aufgeschlagen. Außerdem hat Mama ihr ein paar Infos über Hunde aus dem Internet ausgedruckt. Stella schaut sich die Sachen interessiert an. „Du hast ja schon vorgearbeitet", meint sie anerkennend.
„Na ja, dann können wir gleich loslegen", erklärt Anna. Ihre Gefühle gehen ganz schön durcheinander. Eigentlich hat sie ja keine Lust, das Referat mit Stella vorzubereiten. Aber dass sie einen Hund hat, macht die Sache schon interessanter. Da kommt ihr eine Idee.
„Wir könnten deinen Hund ja in die Schule mitnehmen", schlägt Anna vor.
„Geht das denn?", fragt Stella.
„Bestimmt. Das ist doch viel besser, als wenn wir nur Fotos von Hunden zeigen. Aber jetzt lass uns mal anfangen."

In der nächsten halben Stunde schreiben die
Mädchen alles Wichtige über Hunde auf: Was
sie fressen, welche Rassen es gibt, wie viele
Welpen sie bekommen … Es klappt super. Anna
schaut im Lexikon und auf den Internetseiten
nach. Und Stella ergänzt das mit ihren eigenen
Erfahrungen. Stellas Oma züchtet Hunde.
Deshalb weiß Stella ganz viel über Welpen.
„Super, wir sind ja schon fertig", freut sich Anna.
„Ein paar Fotos von Hunderassen kann meine
Mama noch ausdrucken. Dann haben wir alles."

71

„Das hat Spaß gemacht", sagt Stella. „Danke, dass du das zusammen mit mir gemacht hast. Im Lesen bin ich nicht so gut."

„Dafür hast du total viel Ahnung von Hunden", erwidert Anna.

Stella lächelt verlegen. „Hast du Lust, noch mit mir und Lupo spazieren zu gehen?"

Anna strahlt. „Ja gern! Ich sag nur eben noch meiner Mama Bescheid." Sie geht in den Keller, wo ihre Mutter Wäsche sortiert.

„Kann ich mit Stella und Lupo rausgehen?", fragt Anna.

Ihre Mama schaut erstaunt auf. „Oh, seid ihr schon fertig? Hat es gut geklappt?"

„Ja, super", gibt Anna zu. „Du hattest recht. Ich hätte mich nicht so aufregen sollen. Stella ist total nett. Und sie kennt sich toll mit Hunden aus."

„Na, dann geht mal raus mit Lupo. Wenn du willst, kannst du Stella ja noch einmal einladen", schlägt Mama vor.

„Das mach ich!", ruft Anna und läuft schnell nach oben zu ihrer neuen Freundin.

Der alte Bauernhof

Als Rico von der Schule kommt, reißt Mama die
Tür auf. „Ricolein", ruft sie überschwänglich. „Du
glaubst es nicht. Wir haben ihn gefunden!"
Rico stellt seinen Tornister ab. Dann lässt er
sich auf die Bank im Flur plumpsen, um seine
Schuhe auszuziehen.
„Die Schuhe kannst du anlassen. Wir fahren
gleich los, um ihn anzuschauen." Mama ist
anscheinend komplett durchgedreht.
„Kannst du mir mal erklären, was hier los ist?",
fragt Rico genervt. „Wen habt ihr gefunden? Und
wen wollt ihr anschauen?"

„Ach Rico! Du weißt doch, dass wir einen Bauernhof suchen. Papa und ich wollten schon immer auf dem Land leben. Bisher hatten wir nichts Passendes gefunden. Aber heute war eine neue Anzeige im Internet. Der Hof ist genau das, was wir immer gesucht haben." Mama ist ganz aufgeregt.

Rico dagegen ist entsetzt. Natürlich kennt er diesen Traum seiner Eltern, auf einem Bauernhof zu leben. Aber bisher hat er das immer für eine Spinnerei gehalten. Seinen Traum, Fußballprofi zu werden, nimmt ja auch keiner ernst.

„Ist der denn weit weg, der Bauernhof?", fragt Rico sorgenvoll.

„Nein, nicht so weit", antwortet Mama. „Nur eine knappe Stunde mit dem Auto. Papa müsste jeden Moment da sein. Dann können wir losfahren."

„Aber eine Stunde …", überlegt Rico. „Dann müsste ich die Schule wechseln, oder?"

Mama setzt sich neben ihn auf die Bank. „Ja, das müsstest du schon. Aber dieses Schuljahr kannst du noch auf deiner alten Schule zu Ende machen. Das kriegen wir schon hin.

Wahrscheinlich müssen wir sowieso erst noch einiges umbauen." Jetzt erst merkt Mama, wie erschüttert Rico ist. „Du scheinst jetzt so überrascht. Aber wir haben doch immer davon gesprochen, dass wir aus der Stadt wegziehen wollen."

Rico zuckt mit den Schultern. „Na ja, du hast auch immer davon gesprochen, dass du ein Buch schreiben willst. Und du hast noch nicht mal angefangen. Ich dachte, das wäre nur so eine Idee von euch. Ein Traum, der sowieso nicht wahr wird."

Mama nimmt Rico in den Arm. „Ach, mein armer Schatz. Das tut mir leid. Dann muss das jetzt ein ziemlicher Schock für dich sein. Aber wir schaffen das schon. Wir schauen uns den Hof heute erst mal nur an. Vielleicht ist es ja eine furchtbare Bruchbude. Und dann wird vielleicht wirklich nichts aus unserm Traum."

Unten auf der Straße hupt es. „Das wird Papa sein." Ricos Mutter geht in die Küche und öffnet das Fenster. „Huhu, Jochen! Wir kommen sofort!"

Rico hat sich aufgerappelt. Er läuft die Treppe hinunter. „Hoffentlich ist es die schlimmste

Bruchbude der ganzen Welt!", denkt er.
Die Fahrt vergeht schneller als gedacht.
Papa hat Rico eine neue CD von den
Wahnsinnskickern gekauft. Rico liebt diese CDs.
Das neue Abenteuer der Kicker ist mal wieder
superspannend. Die CD ist gerade zu Ende, da
biegt Papa von der Landstraße in einen Feldweg
ein.
„Hier müsste es sein, Ella", meint Papa. Er dreht
sich zu Rico um: „Dir wird es bestimmt gefallen.
Aber ich kann nachvollziehen, dass du dich erst
mal an den Gedanken gewöhnen musst."
Rico ist froh. Papa scheint ihn besser zu
verstehen als Mama. Aber so ist es oft. Mama
hat meist nur ihre verrückten Ideen im Kopf.
Zum Glück ist Papa normaler. Irgendwie lustig,
dass die beiden verheiratet sind. Sie sind so
unterschiedlich.
Nun kommt der Bauernhof in Sicht. Es ist
ein großes altes Haus mit einem Dach aus
Stroh. Neben dem Haus steht eine Scheune.
Drumherum sind Wiesen und Felder. Papa parkt
das Auto vor dem Bauernhaus. Sie steigen aus.
Mama jubelt: „Ist das nicht herrlich hier? So
habe ich mir mein Traumhaus vorgestellt!"

„Warte erst mal ab, wie es von innen aussieht",
sagt Papa. „Bei dem Preis können wir uns einen
aufwändigen Umbau nicht leisten."
„Ach, du bist immer so vernünftig." Mama ist
beleidigt. „Kannst du dich nicht einfach freuen?"
„Erst wenn ich weiß, ob das hier wirklich das
Richtige für uns ist." Papa wendet sich an
Rico. „Willst du dich hier draußen ein bisschen
umschauen? Wir gehen mal rein. Dort wartet der
Makler auf uns."
Rico schaut Papa fragend an: „Wohnen denn
hier in der Nähe noch andere Leute? Oder auch
Kinder, mit denen ich spielen kann?"
Papa zuckt mit den Schultern: „Ich weiß es nicht
so genau. In der Nähe müsste noch ein anderer
Hof sein. Aber ob da Kinder wohnen? Das
müssen wir wohl erst rausfinden. So, jetzt gehen
wir aber rein. Der Makler wartet bestimmt schon.
Bis gleich!"
Lustlos kickt Rico ein paar Steinchen durch die
Luft. Der Bauernhof ist ja an sich nicht schlecht.
Hier kann man bestimmt toll spielen. Und
vielleicht bekommt er dann auch einen Hund. In
ihrer Wohnung in der Stadt sind Hunde verboten.
Aber was hilft ihm ein Hund, wenn er keine

anderen Kinder zum Spielen hat? Rico schlendert zur Scheune. Er schiebt das große Tor auf und schaut hinein. Er sieht einen Heuboden und ein paar Boxen wie in einem Pferdestall. Plötzlich hört er ein Rascheln vom Heuboden. „Bestimmt eine Maus", denkt Rico und geht neugierig näher. Gerade will er die Leiter hochklettern, da schaut ihn von oben ein Mädchen an.

„Hey, was machst du hier?", fragt sie.

„Meine Eltern schauen sich den Hof an. Wir wollen ihn vielleicht kaufen", erklärt Rico. „Und was machst du hier? Hier wohnt doch keiner mehr, oder?"

Das Mädchen kommt die Leiter heruntergeklettert. „Ich bin Lola. Ich wohne im Nachbarhof. Es macht Spaß, in der Scheune zu spielen. Bei uns zu Hause darf ich das nicht."

„Gibt es denn hier noch mehr Kinder?", will Rico wissen.

Lola nickt: „Ja, meine beiden Brüder. Die sind aber erst eins und drei. Wär cool, wenn du hierhin ziehst. Dann hab ich wen zum Spielen."

Rico weiß nicht, was er von Lola halten soll. Eigentlich ist sie ja ganz nett. Aber leider ist sie ein Mädchen. Die Mädchen in seiner Klasse sind total nervig. Sie reden immer über Klamotten, Frisuren und Nagellack und so was. Lola scheint da allerdings anders zu sein. Sie hat eine alte Jeans mit Flicken an und ein Shirt mit einem großen Loch an der Schulter. Und von Nagellack ist auch nichts zu sehen.

„Was kann man denn hier spielen?", will Rico wissen.

„Verstecken, Mäuse fangen, im Heu toben, Matsch-Schlachten", zählt Lola auf. „Fußball spielen geht auch", meint sie mit einem Blick auf Ricos Fußball-Shirt. „Mein Papa spielt ab und zu mit ein paar Freunden aus dem Dorf. Die lassen auch Kinder mitspielen."

„Klingt gut", meint Rico. „Aber eigentlich hoffe ich, dass meine Eltern den Hof nicht kaufen. Ich will lieber in der Stadt bleiben. Bei meinen Freunden."

„Kann ich verstehen", erwidert Lola. „Ist schon

manchmal einsam hier. Aber es gibt andere coole Sachen: Mein Papa lässt dich bestimmt mal Trecker fahren. Und du kannst bei uns mithelfen, die Kühe zu melken. Und wenn wir Heu machen, gibt es immer ein großes Fest. Mit Lagerfeuer und Stockbrot. Aber jetzt komm, ich zeig dir mal die Gegend hier."

Rico läuft hinter Lola her. Das Mädchen klettert über einen Zaun und läuft bis zu einem Bach. Rico staunt. Das ist wirklich schön!

„Hier kann man auch angeln", erklärt Lola. „Mein Papa hat aber meistens kein Glück. Oder keine Geduld." Sie läuft ein Stück am Bach entlang bis zu einem alten Baum. „Das hier ist mein Kletterbaum. Komm mal mit hoch", fordert Lola Rico auf.

Rico staunt, wie schnell Lola auf den Baum klettern kann. Einen Kletterbaum gibt es in der Stadt nicht. Nur eine Kletterhalle. Da war Rico mal zu einem Kindergeburtstag. Aber auf so einen Baum zu klettern, ist viel cooler. Als er endlich oben angekommen ist, setzt er sich neben Lola auf einen dicken Ast.

„Tolle Aussicht", sagt Rico anerkennend. „Ist vielleicht doch nicht so schlecht hier." Eine

Weile sitzen sie schweigend auf dem Baum und schauen in die Landschaft. Dann fällt Rico ein, dass seine Eltern ja nicht wissen, wo er ist. „Ich muss mal wieder zurück. Danke, dass du mir deinen Kletterbaum gezeigt hast." Rasch klettert Rico den Baum herab. „Hoffentlich bis bald!", ruft er Lola zu.

„Ja, hoffe ich auch. Wär cool, wenn du hier wohnst." Lola winkt ihm zu. Rico winkt zurück. Dann läuft er schnell zurück zum Bauernhof.

Seine Eltern kommen gerade aus der Scheune. „Ach, hier bist du", ruft seine Mama aufgeregt. „Wir haben dich schon gesucht."

„Entschuldigung. Ich habe ein Mädchen kennengelernt. Lola. Sie wohnt auf dem Nachbarhof." Rico schaut seine Eltern fragend an. „Und, kaufen wir den Hof?"

Papa nickt. „Es sieht alles prima aus. Natürlich muss einiges renoviert werden. Aber das hält sich in Grenzen. Wir würden sehr gern hier einziehen. Was meinst du?"

Rico überlegt: „Na ja, manches ist hier nicht so toll. Dass meine Freunde so weit weg sind. Und dass es hier nicht so viele Kinder gibt. Aber Lola ist voll cool. Nicht so wie die Mädchen in meiner Klasse. Und es gibt hier einen Bach zum Angeln. Und einen tollen Kletterbaum. Und manchmal wird Fußball gespielt. Oder ein Lagerfeuer gemacht."

Papa lacht. „Du bist ja schon ganz begeistert. Ella, schau dir deinen Sohn an", sagt er zu Ricos Mama. „Der ist schon genauso verrückt nach diesem alten Bauernhof wie du!"

Das erste Tor

Ronja liebt Fußball. Sie ist Fan vom VfB Stuttgart. Und sie spielt selbst gern. Am liebsten würde sie in einem Verein spielen. Ihr Zwillingsbruder Maxim spielt bei der F-Jugend von Fortuna Neustadt. Aber mit ihrem Bruder zusammen in einer Mannschaft? Nein. Das ist keine gute Idee. Am besten wäre ja eine Mädchenmannschaft. Aber bei Fortuna Neustadt gibt es so etwas nicht.

Samstags nach dem Frühstück liest Ronjas Papa immer Zeitung. So auch heute. Plötzlich ruft er: „Hey, Ronja! Das ist es!"

Ronja schaut von ihrem Buch auf. „Was ist los?"

Papa wedelt mit der Zeitung. „Der FC Altdorf sucht Spielerinnen für seine Mädchenmannschaft", liest er vor. „Das ist doch ganz in der Nähe. Du willst doch noch Fußball spielen, oder?"

Ronja strahlt. „Ja klar!", ruft sie. Doch dann wird sie nachdenklich. „In Altdorf kenne ich doch keinen. Hm, ich weiß nicht."

Papa überlegt. „Wir können es uns doch einfach mal anschauen. Wenn es dir gefällt, machst du mit. Wenn nicht, müssen wir weitersuchen. Aber hier in Neustadt gibt es keinen Verein mit einer Mädchenmannschaft."

Ronja ist einverstanden. Aber sie findet es ganz schön unfair. Eine Jungsmannschaft gibt es in jedem Kuhdorf. Aber Mädchenmannschaften haben nur wenige Vereine. Am nächsten Dienstag begleitet Papa Ronja zu ihrem ersten Training. Der Trainer heißt Markus. Er sieht nett aus, findet Ronja.

„Hallo, du musst Ronja sein. Herzlich willkommen", begrüßt Markus sie freundlich. „Ich freu mich, wenn wir Verstärkung bekommen. Ich hoffe, es gefällt dir bei uns."

Ronja nickt schüchtern. Schade, dass sie keins der Mädchen kennt. Und gut, dass Papa mitgekommen ist. Er hat ihr versprochen, beim Training dazubleiben und zuzuschauen. Das gibt Ronja etwas Sicherheit.

Markus verteilt Bälle an die Mädchen. Sie sollen mit dem Ball hin und her über den Platz laufen. „Das klappt doch schon gut bei dir, Ronja", ruft der Trainer. Ronja freut sich über das Lob.

Bei der nächsten Übung sollen sich immer
zwei Mädchen zusammentun und sich den
Ball zupassen. Ronja hat schon Sorge, dass
niemand mit ihr spielen will. Doch dann steht
plötzlich ein rothaariges Mädchen vor ihr.
„Hi, ich bin Eileen. Sollen wir die Übung
zusammen machen?"

Ronja freut sich. „Ja, gern. Ich bin Ronja."

„Ja, hab ich mitbekommen", sagt Eileen. „Hast du schon mal im Verein gespielt?"

Ronja schüttelt den Kopf. „Nein, nur zu Hause mit meinem Bruder."

„Du spielst aber richtig gut", meint Eileen anerkennend. „Ich bin schon ein Jahr hier beim FC. Unsere Mannschaft ist eine coole Truppe. Wirst du sehen."

Ronja ist glücklich. „Wenn die andern auch so nett sind wie Eileen und Markus, kann nichts schiefgehen", denkt sie.

Die nächsten Übungen macht sie auch mit Eileen zusammen. Es klappt alles gut. Zwischendurch schaut Ronja zu ihrem Papa. Der streckt den Daumen nach oben. Sie grinst ihn an.

„So, Mädels! Wir machen jetzt noch ein Trainingsspiel", ruft Markus. Er teilt die Mädchen in zwei Gruppen ein. Ronja ist mit Eileen, Juliana und Samira zusammen in einer Mannschaft. Samira geht ins Tor, Ronja soll im Mittelfeld spielen. Eileen ist in der Abwehr und Juliana spielt im Sturm.

Am Anfang hat Ronja Schwierigkeiten, den

Ball zu erobern. Und oft verliert sie ihn schnell wieder an ihre Gegenspielerin. Aber nach ein paar Minuten kommt sie besser ins Spiel. Sie passt einen Ball zu Juliana. Die schießt ihn knallhart ins gegnerische Tor.

„Super gemacht", ruft Markus.

Juliana klatscht Ronja ab: „Danke für die tolle Vorlage."

Ronja ist stolz. Gut, dass sie mit Maxim immer so viel Fußball gespielt hat.

Aber schon geht das Spiel weiter. Ronja kommt wieder an den Ball und passt zu Juliana. Die steht aber ungünstig zum Tor und spielt wieder zu Ronja zurück. Ronja läuft ein paar Schritte mit dem Ball. Dann schießt sie aufs Tor. Die Torhüterin kommt noch mit den Fingerspitzen dran. Aber der Ball landet trotzdem im Tor. Ronja kann ihr Glück nicht fassen.

Eileen und Juliana kommen zu ihr gelaufen. Sie umarmen sie.

„Klasse, Ronja", meint Eileen. „Ich freu mich, dass du bei uns mitspielst."

„Und ich mich erst!", jubelt Ronja.

In diesem Moment pfeift Markus das Trainingsspiel ab. „Schluss für heute!", ruft er. „Das habt ihr gut gemacht", lobt er die Mädchen. Und zu Ronja sagt er: „Du passt ja prima in unsere Mannschaft. Am Samstag haben wir ein Freundschaftsspiel. Möchtest du da mitmachen?"

„Ja, gern", erwidert Ronja begeistert.

Auf dem Rückweg strahlt Ronja vor sich hin.

„Na, war das eine gute Idee, sich das Training mal anzugucken?", fragt Papa.

Ronja nickt: „Die beste Idee, die du je hattest!"

Abenteuer auf Burg Tiefenfels

„Ich kann schon den Turm erkennen!" Noah
hüpft aufgeregt auf seinem Platz herum.
„Jetzt bleib doch mal cool. Hast du noch nie eine
Burg gesehen?", fragt sein Freund Yasin.
Die beiden Jungen machen mit ihrer Klasse
einen Ausflug zu Burg Tiefenfels. Noah hat
tatsächlich noch nie eine Burg besichtigt.
Deshalb freut er sich so.

Endlich fährt der Bus auf den Parkplatz und
hält an. Die Kinder steigen aus. Ihr Lehrer, Herr
Meister, sammelt
die Kinder um
sich. „Wir werden
gleich eine
Führung durch
die Burg machen.
Dabei müssen wir
alle zusammen-
bleiben. Und
benehmt euch
bitte!"

Yasin grinst: „Wir benehmen uns doch immer.
Nur manchmal ein bisschen daneben."
Noah muss lachen. „Eigentlich würde ich die
Burg lieber auf eigene Faust erkunden. So eine
Führung ist bestimmt öde", meint er.
„Ach, warte doch mal ab", erwidert Yasin.
„Vielleicht ist das ja ein ganz cooler Führer."
Auf dem Weg zum Burgtor kommt ihnen eine
Frau entgegen. Herr Meister räuspert sich: „Seid
mal bitte leise. Das ist Frau Hesse. Sie wird die
Führung machen."
Frau Hesse begrüßt die Kinder. Sie wirkt
ziemlich steif. Noah kann sich nicht vorstellen,
dass die Führung Spaß macht. Viel lieber würde
er allein mit seinem Freund Yasin die Burg
auskundschaften.
„Die Burg stammt aus dem 13. Jahrhundert",
erklärt Frau Hesse. „Aber in den Jahrhunderten
danach wurde immer wieder etwas an- oder
umgebaut."
„Mann, ist das langweilig", flüstert Noah Yasin
zu. „Ist doch egal, wann die Burg gebaut wurde.
Guck mal, da vorn geht es eine Treppe runter.
Da ist bestimmt ein Verlies oder sowas. Sollen
wir mal nachschauen?"

Yasin schüttelt den Kopf. „Herr Meister hat doch gesagt, dass wir zusammenbleiben sollen."
„Ach komm", Noah stupst seinen Freund an. „Wir gucken nur mal kurz, was da unten ist. Frau Hesse redet doch bestimmt noch ewig über den Bau der Burg. Bis sie weitergeht, sind wir längst wieder da."

„Na gut", lässt Yasin sich überreden. Möglichst unauffällig begeben die Jungen sich zu der Treppe. Schnell steigen sie nach unten. Sie stehen vor einer schweren Holztür.

„Die ist bestimmt zu", meint Yasin. Er möchte schnell wieder nach oben zu den andern.

„Mal probieren." Noah drückt die Klinke herunter. Die Tür öffnet sich. Die Freunde blicken in einen dunklen Gang.

„Wie cool! Ein Geheimgang!", flüstert Noah.

„Na ja, besonders geheim ist er ja nicht. Vielleicht kommen wir ja noch mit Frau Hesse hier vorbei. Lass uns wieder nach oben gehen." Yasin beginnt, die Treppe hochzusteigen.

Noah bleibt in der geöffneten Tür stehen. „Du kannst dir ja die langweilige Führung anhören. Ich schau mir die Burg lieber allein an als mit Frau Hesse und ihrem Gelaber."

Yasin ist hin- und hergerissen. Die Burg zu zweit zu erkunden, wäre natürlich cool. Aber er will keinen Ärger kriegen. Andererseits kann er Noah auch nicht allein lassen. Schließlich ist er sein Freund.

„Also gut, ich komme mit", entscheidet Yasin schließlich.

Die Jungen betreten den dunklen Gang. „Mist, ich hätte meine Taschenlampe mitnehmen sollen", ärgert sich Noah.

Vorsichtig tasten sich die beiden vorwärts.

„Sollen wir nicht doch lieber zurückgehen?", fragt Yasin.

„Sei doch nicht so ein Angsthase", erwidert Noah. „Ist doch ein tolles Abenteuer!"

Plötzlich gabelt sich der Weg. „Rechts oder links?", fragt Noah.

„Ich hab mal in einem Buch gelesen, dass man immer in dieselbe Richtung abbiegen soll. Dann findet man leichter zurück", meint Yasin.

Noah nickt anerkennend: „Gute Idee. Wie gut, dass du so viele Bücher liest. Dann gehen wir immer rechts, okay?"

Die Jungen gehen weiter den dunklen Gang entlang. Nun geht es bergab. Sie geraten also

immer tiefer unter die Burg. „Wie spannend!",
denkt Noah. Wieder kommen sie an eine
Kreuzung. Sie halten sich rechts. Dann stehen
sie vor einer Treppe, die nach oben führt.
„Sollen wir da hoch?", fragt Noah.
„Ja, vielleicht kommen wir dann auf dem
Burgplatz wieder raus." Yasin möchte das
Abenteuer so schnell wie möglich beenden.
Doch am Ende der Treppe ist auch nur ein
düsterer Gang. Und auf einmal stehen sie
wieder vor einer schweren Holztür. Die lässt sich
allerdings nicht öffnen. Noah stemmt sich mit
aller Kraft dagegen. Aber es hilft nicht. Die Tür
bleibt zu.
„Und jetzt?", fragt Yasin. „Gehen wir zurück?"
„Von mir aus. Bleibt uns wohl nichts anderes
übrig. Schade, ich dachte, wir entdecken einen
Schatz. Oder wenigstens das Burgverlies." Noah
ist enttäuscht.
„Das Burgverlies schauen sich die anderen
wahrscheinlich grad mit Frau Hesse an", sagt
Yasin frustriert.
Sie gehen zurück zur Treppe und steigen hinab.
Plötzlich stolpert Noah und fällt.
„Aua", schreit er.

„Alles okay?", ruft Yasin und geht vorsichtig nach unten.

„Nein, nichts ist okay", meint Noah. „Ich hab mir den Knöchel verdreht. Das tut furchtbar weh! Ich kann nicht mehr laufen."

„Was machen wir denn jetzt?" Yasin ist verzweifelt. Hätte er sich doch bloß nicht auf Noahs Abenteuer eingelassen! Andererseits: Noah wäre auch allein gegangen. Und dann würde er jetzt allein hier liegen. Eins ist klar:

Yasin muss Hilfe holen. Aber dann muss er auch allein durch die dunklen Gänge zurückgehen. Keine angenehme Vorstellung. Aber es hilft ja nichts. Da muss er durch. Yasin atmet tief ein und aus. „Noah, du bleibst hier sitzen. Ich hole Herrn Meister. Ich muss jetzt immer links abbiegen, wenn ich zurückgehe. Hoffentlich finde ich den Ausgang."

Noah merkt, dass Yasin Angst hat. Und ihm selbst ist auch nicht mehr nach Abenteuer zumute. „Hey Yasin", sagt Noah. „Tut mir leid, dass ich unbedingt in diesen Gang wollte. Wir kriegen bestimmt Ärger. Aber du kannst ja sagen, dass es meine Idee war. Danke, dass du mitgekommen bist. Und danke, dass du jetzt Hilfe holen willst."

Yasin geht los. Vorsichtig tastet er sich durch die dunklen Gänge. Jetzt, wo er allein ist, hört er überall komische Geräusche. Das ist so unheimlich! An den Weggabelungen geht er immer links. Er hofft, dass er auch wirklich auf dem richtigen Weg ist.

Plötzlich hört Yasin Schritte. Er erschrickt. Wer kann das sein? Da hört er die Stimme von Herrn Meister: „Yasin, Noah, seid ihr hier?"

Gerettet! Yasin atmet auf. „Ich bin hier", ruft er laut.

In diesem Moment steht Herr Meister vor ihm.

„Yasin, bist du es? Was habt ihr euch nur dabei gedacht? Wir suchen euch überall! Und wo ist Noah?"

Yasin bricht in Tränen aus. „Es tut mir so leid, Herr Meister. Noah wollte die Burg auf eigene Faust erkunden. Und ich wollte ihn nicht allein lassen. Aber er hat sich den Knöchel verletzt und kann nicht mehr laufen. Er ist irgendwo da hinten."

Herr Meister nimmt Yasin in den Arm. „Jetzt wird ja alles gut! Kannst du mir den Weg zu Noah zeigen?"

Yasin nickt. Er läuft durch die Gänge. Herr Meister folgt ihm. Endlich erreichen sie Noah. Auch ihm laufen die Tränen über die Wangen.

„Endlich seid ihr da. Danke, Yasin! Es war so schrecklich hier allein." Noah blickt Herrn Meister an: „Tut mir leid, ich hab echt Mist gebaut."

Herr Meister nimmt Noah auf den Arm. „Jetzt kommt erst mal hier raus. Dann sehen wir uns deinen Fuß an. Und über euer Abhauen reden wir später auch noch."

Yasin geht wieder vor durch die dunklen Gänge. Inzwischen findet er sich schon richtig gut zurecht. Schließlich erreichen sie die Tür, durch die sie in den Gang gekommen sind. Sie gehen die Treppe hoch. Auf dem Burghof warten schon die anderen Kinder aus der Klasse. Als sie die beiden Jungen sehen, rufen alle durcheinander.

„Da sind sie ja." – „Oh, Noah ist verletzt." – „Hoffentlich nichts Schlimmes." – „Die kriegen bestimmt Ärger."

Herr Meister legt Noah auf eine Bank und untersucht seinen Fuß. „Hm, ist ein bisschen dick. Wahrscheinlich verstaucht. Aber es ist nichts Schlimmes. Nicht so schlimm wie der Schrecken, den ihr uns eingejagt habt. Plötzlich wart ihr verschwunden. Wir haben die halbe Burg nach euch abgesucht!"

„Es tut mir so leid", sagt Noah zerknirscht. „Das war meine Idee. Yasin ist nur mitgekommen, weil er so ein toller Freund ist. Er wollte es eigentlich nicht. Aber ich hatte keine Lust auf so eine langweilige Führung."

„Die Führung war gar nicht langweilig", widerspricht Romina. „Wir haben das Burgverlies gesehen. Da waren sogar noch die Ketten von den Gefangenen."

„Und wir sind auf den Turm gestiegen. Bis ganz nach oben. Da hatte man eine supertolle Aussicht", schwärmt Tobias.

„Wir haben nur ein paar dunkle Gänge gesehen", sagt Yasin enttäuscht.

Noah ist ganz zerknirscht. „Tut mir echt leid. Weißt du was? Ich frage meine Eltern, ob sie mal mit uns hier hinfahren. Du kommst mit. Und dann machen wir noch mal so eine Führung."

Yasins Gesicht hellt sich auf. „Ja, das wäre cool. Aber in diese Gänge kriegst du mich nicht noch mal rein."

Herr Meister legt den Arm um Yasin. „Toll, dass du so zu deinem Freund gehalten hast. Aber in Zukunft gibt es keine Extratouren mehr. Einverstanden, Noah?"

„Einverstanden", sagt Noah und kann schon wieder ein bisschen grinsen.

Der Reporter

Heute ist Moritz' erster Schultag. Morgens findet
in der Kirche ein Einschulungsgottesdienst
statt. Danach begrüßt die Schulleiterin alle
Erstklässler auf dem Schulhof. Und dann dürfen
sie endlich in ihre Klasse gehen.
„Hoffentlich sitze ich neben einem netten
Jungen", denkt Moritz. „Am besten wäre einer,
mit dem ich Fußball spielen kann." Denn
Fußball ist sein Lieblingssport.
Als Moritz in die Klasse kommt, sind viele
Plätze schon besetzt. Die Klassenlehrerin, Frau
Süßbeck, zeigt auf einen leeren Tisch: „Setz
dich am besten dort hin."
Der Platz neben Moritz ist noch frei. Wer wird
sich dort wohl hinsetzen? „Hoffentlich kein
Mädchen", denkt Moritz. Mädchen findet er
nervig.
„Macht mal bitte den Gang frei", hört er plötzlich
Frau Süßbeck rufen. Moritz dreht sich um. In der
Tür zum Klassenraum steht ein Rollstuhl. In ihm
sitzt ein Junge. Seit diesem Schuljahr werden

an der Schule auch Kinder mit Behinderungen unterrichtet. Das weiß Moritz. Sein Papa hat es ihm erklärt. Das nennt man Inklusion.
Frau Süßbeck schiebt den Jungen im Rollstuhl an Moritz' Tisch. Moritz ist enttäuscht. „Mit dem kann ich bestimmt nicht Fußball spielen", denkt er. Sofort hat er ein schlechtes Gewissen. Der Junge kann ja nichts dafür, dass er nicht laufen kann. In der Kinderkirche haben sie auch mal darüber gesprochen: Dass manche Menschen anders sind. Aber dass alle gleich wertvoll sind. Und dass Gott alle Menschen gleich liebt. Aber Moritz hatte sich doch so sehr einen Freund fürs Fußballspielen gewünscht …
„Hallo, ich bin Fabian", sagt der neue Sitznachbar.
„Ich heiße Moritz."

„Bist du auch so aufgeregt?", fragt Fabian.

Moritz nickt. „Ja, klar."

Dann beginnt ihre erste Schulstunde. Frau Süßbeck erklärt ein paar wichtige Sachen. Die Kinder malen Namensschilder. Gemeinsam singen sie noch ein Lied. Dann ist ihre erste Schulstunde schon zu Ende.

Moritz stürmt auf den Schulhof. Dort warten seine Eltern und Oma Hanne.

„Na, wie war's?", fragt Mama.

„Ach, ganz gut", antwortet Moritz.

„Hast du einen netten Sitznachbarn?", will Oma Hanne wissen.

Moritz zögert. „Hm, ich weiß noch nicht. Ich kenne ihn ja kaum." Er sieht sich um und entdeckt Fabian mit seinen Eltern am anderen Ende des Schulhofs. „Es ist der Junge im Rollstuhl da hinten. Fabian. Mit dem werde ich wohl nicht Fußball spielen können …"

Papa nimmt Moritz in den Arm. „Zum Fußballspielen findest du bestimmt noch viele andere Jungs. Und vielleicht haben Fabian und du ja andere gemeinsame Interessen."

Moritz ist nicht besonders überzeugt. „Na ja, mal sehen."

Am nächsten Morgen sitzt Fabian schon an
seinem Platz, als Moritz in die Klasse kommt.
„Hallo", sagt Fabian freundlich. „Was sind
eigentlich deine Hobbys?"
Moritz setzt sich auf seinen Stuhl. „Fußball."
Fabian freut sich offensichtlich: „Oh cool, meins
auch."
Moritz guckt ihn erstaunt an. „Aber du kannst
doch gar nicht laufen."
„Das stimmt", erwidert Fabian. „Und das ist echt
blöd. Aber ich schau mir gern Fußballspiele an.
Ich war auch schon mal im Stadion. Und wenn
ich endlich lesen kann, kaufe ich mir ganz viele
Fußballzeitungen."
Moritz staunt. Vielleicht ist es ja doch nicht so
schlecht, neben Fabian zu sitzen?
In der Pause geht Moritz zögernd auf den
Schulhof. Ob er irgendwo Fußball spielen kann?
Tatsächlich: In einer Ecke haben sich schon
ein paar Jungs um einen Ball versammelt. Sie
wollen Mannschaften wählen. Schnell läuft
Moritz zu ihnen hinüber.
„Darf ich mitspielen?", fragt er.
Ein großer Junge aus der vierten Klasse
schaut ihn kritisch an. „Wir können es ja mal

versuchen", meint er schließlich.

Moritz ist froh. Er wird so gut spielen wie noch nie!

Aus dem Augenwinkel sieht er Fabian kommen. Er fährt mit seinem Rolli an den Spielfeldrand. „Darf ich zugucken?", fragt er. „Ich bin ein großer Fußballfan."

„Ja klar", rufen die Jungs ihm zu.

Der Viertklässler schlägt vor: „Du kannst ja unser Reporter sein, wenn du willst."

„Oh cool, das mach ich", ruft Fabian begeistert. Und schon geht es los. Moritz kommt schnell an den Ball und passt ihn nach vorn zu einem Mitspieler. Der schießt aufs Tor und trifft. Moritz' Mannschaft jubelt.

„Ein geniales Tor von Götze", kommentiert Fabian. „Nach grandioser Vorarbeit von Müller." Die Fußballspieler müssen lachen. Fabian denkt sich für jeden der Spieler einen passenden Namen aus: Schweinsteiger, Reus, Boateng … Er macht seinen Job als Kommentator richtig gut.

Als es zum Ende der Pause klingelt, umringen die Fußballer Fabian. „Das hat total Spaß gemacht!", ruft einer.

„Das musst du jetzt immer machen", meint ein
anderer. „Aber nächstes Mal will ich Kroos sein."
Alle lachen. Moritz staunt. Dass es mit dem
Fußballspielen so gut klappt, hätte er nicht
gedacht. Und Fabian ist ja wirklich ein cooler
Reporter. Moritz freut sich auf die nächste Zeit
in der Schule. Und auf seinen neuen Freund
Fabian.

Inliner-Streit

Josefine liebt Inliner-Fahren. Am meisten Spaß
macht es mit ihrem Freund Philipp. Philipp
wohnt im Haus nebenan. Die beiden spielen
oft zusammen. Aber am liebsten fahren sie auf
ihren Inlinern durch die Siedlung.
Heute wollen Josefine und Philipp ein
Wettrennen machen. Vom Spielplatz an der
Ecke bis zu Philipps Haus.
„Auf die Plätze, fertig, los!", schreit Josefine und
stürmt davon. Philipp ist dicht hinter ihr. Jetzt
geht es um die Ecke. Josefine fährt die Kurve so
eng wie möglich.
„Ey, du fährst mir vor die Füße", beschwert sich
Philipp.
„Dann musst du eben schneller fahren", gibt
seine Freundin schnippisch zurück.
Josefine erreicht die Ziellinie als Erste. Sie jubelt
und reißt die Arme hoch. „Gewonnen!"
Einen Augenblick später rollt Philipp ins Ziel.
„Du hast mich voll geschnitten in der Kurve.
Das ist unfair. Wir müssen das Rennen

wiederholen", fordert er.

Josefine zuckt mit den Schultern. „Ich war eben schneller als du. Damit musst du dich abfinden."

„Das war aber nicht fair!", wiederholt Philipp.

„Du willst nur kein zweites Rennen, weil du dann verlierst. Du bist nämlich viel langsamer als ich."

„Bin ich gar nicht", erwidert Josefine wütend. „Du spinnst doch wohl. Kannst dir ja jemand anderen suchen zum Inlinern." Sie dreht sich um und fährt davon.

„Hey, was machst du?", fragt Philipp.

„Ich suche mir einen Freund, der auch verlieren kann", antwortet Josefine.

„Blöde Zicke!", ruft Philipp ihr nach.

Josefine merkt, wie ihr die Tränen kommen. Eigentlich versteht sie sich gut mit Philipp. Aber er will immer der Beste und Schnellste sein. Auch wenn er es gar nicht ist. „So ein Blödmann!", denkt Josefine. Eigentlich wollte sie zum Spielplatz fahren. Aber sie will nicht, dass die andern sie weinen sehen. Deshalb fährt sie erst mal nach Hause.

Mama sitzt im Garten und liest eine Zeitschrift. Als Josefine ankommt, schaut sie auf: „Hallo, schon fertig mit Inlinern?" Dann sieht sie

Josefines Tränen. „Hey, was ist denn los? Habt ihr euch gestritten?"

Josefine erklärt ihrer Mama, was passiert ist.

„Und, stimmt es?", will Mama wissen.

„Stimmt was?", fragt Josefine.

„Dass du Philipp abgedrängt hast?", erklärt Mama.

„Nein, natürlich nicht. Na ja, vielleicht ein bisschen. Aber wenn er schneller gewesen wäre, hätte ich ihn gar nicht abdrängen können. Und außerdem gehört das doch dazu", behauptet Josefine.

Mama schüttelt nachdenklich den Kopf. „So richtig fair finde ich es nicht, mein Schatz."

Josefine denkt nach. Ob Mama recht hat?

Plötzlich klingelt es. Josefine rollt durch die Küche zur Haustür und öffnet sie. Philipp steht vor ihr. Verlegen kaut er auf seiner Lippe: „Du, es tut mir leid, dass ich mich grad so aufgeregt habe. Und das mit der Zicke war doof. Entschuldige."

Josefine freut sich über Philipps Entschuldigung. Aber sie weiß auch, dass sie jetzt dran ist: „Von mir war es auch blöd. Das mit dem Abdrängen war wirklich nicht fair. Tut mir leid. Was meinst

du – sollen wir noch ein Rennen machen?"
Philipp schüttelt den Kopf. „Nee, ich weiß
nicht. Lass uns lieber einfach so rumfahren.
Wir können ja gucken, ob sonst noch wer auf
Inlinern unterwegs ist. Okay?"
„Okay", stimmt Josefine zu. Sie ist so froh, dass
sie sich wieder mit Philipp vertragen hat. Er ist
doch der beste Freund, den man sich wünschen
kann.

Blödes Pony

„Herzlich willkommen auf dem Kellerhof", ruft Sabine. „Ich freue mich, dass ihr da seid. Freut ihr euch auch?"

„Ja", rufen 25 Kinder laut. Unter ihnen sind auch Johanna und Marie. Die Freundinnen nehmen zum ersten Mal an der Kinderfreizeit ihrer Kirchengemeinde teil. Und sie sind wahnsinnig aufgeregt.

Die Freizeit findet auf dem Kellerhof statt. Das ist ein umgebauter Bauernhof. Tiere gibt es hier leider nicht mehr. Dafür können die Kinder auf einem riesigen Spielplatz spielen. Außerdem hat der Hof eine Spielscheune. Dort kann man im Heu toben. Oder auf einer coolen Rutsche vom Heuboden nach unten rutschen. Johanna hat sie schon ausprobiert.

„Ihr könnt euch jetzt erst mal auf dem Hof umsehen", erklärt Sabine. Sie leitet zusammen mit Marc und Christoph die Freizeit. Außerdem ist noch Elisabeth dabei, eine ältere Frau aus ihrer Gemeinde. Sie kocht für alle. Und Johanna hat gehört, dass sie sehr gut kochen kann. „Um halb sieben ist Abendessen", ruft Sabine noch. Dann rennen die Kinder wild durcheinander. Ein paar Jungs haben sich einen Ball geschnappt. Sie spielen auf einer Wiese Fußball. Andere stürmen zur Spielscheune. Johanna und Marie schlendern über den Hof und schauen sich neugierig um.

„Schade, dass es hier keine Ponys gibt", meint Marie. Sie liebt Pferde über alles.

„Ich hab ein Pony zu Hause", hören sie plötzlich hinter sich eine Stimme. Johanna und Marie drehen sich um. Ein Mädchen mit blonden Zöpfen strahlt sie an. „Mein Pony heißt Bella. Sie ist schwarz-weiß. Wollt ihr mal sehen?" Das Mädchen hält Marie und Johanna eine Kamera hin. Auf dem Display ist ein Foto von einem gescheckten Pony zu sehen.

„Wie süß!", ruft Marie. „Und das gehört wirklich dir?"

„Ja klar. Ich heiße übrigens Lara. Und ihr?"

„Ich bin Marie. Und das ist meine Freundin Johanna." Marie seufzt. „Ich hätte auch so gern ein Pony."

„Kannst du denn reiten?", fragt Lara.

„Nein, noch nicht", erklärt Marie. „Aber ich
wünsche mir Reitstunden zum Geburtstag."
Lara überlegt. „Wenn du willst, kannst du mich
nach der Freizeit mal besuchen. Dann kannst du
auf Bella reiten."
„Ja wirklich?" Marie ist begeistert. „Das wäre toll!"
Johanna steht schweigend daneben. Pferde
interessieren sie nicht so besonders. Sie würde
jetzt viel lieber mit Marie weiter über den
Bauernhof laufen. „Hey, Marie! Wir wollten doch
den Hof erkunden", sagt sie schließlich.
„Oh, darf ich mitkommen?", fragt Lara.
„Na klar", ruft Marie fröhlich.
„Meinetwegen", brummelt Johanna.
Marie stößt sie mit dem Ellenbogen an. „Du
könntest ruhig etwas freundlicher zu Lara sein",
meint sie.
Johanna atmet tief durch. Sie will nicht
freundlich zu dieser Lara sein. Die ist doch voll
die Angeberin. Direkt allen das Foto von ihrem
Pony zu zeigen. So was Blödes. In Johanna
macht sich ein komisches Gefühl breit. Marie
ist schließlich ihre beste Freundin. Und das soll
auch so bleiben! Sie hatten sich doch so auf die
Freizeit gefreut.

Zum Abendessen gibt es Pizza. Sofort bessert
sich Johannas Laune. Elisabeth kocht wirklich
toll. Nach zwei großen Stücken ist Johanna satt.
„Puh", stöhnt sie. „Mein Bauch platzt gleich. Was
machen wir nach dem Essen?", fragt sie Marie.
„Um halb acht ist Programm für alle", meint
ihre Freundin. „Sollen wir bis dahin noch in die
Scheune gehen?" Sie wendet sich an Lara:
„Kommst du mit?"
Johanna ist sauer. Sie wäre lieber allein mit
Marie zur Scheune gegangen. Marie hätte sie
wenigstens fragen können, ob Lara mitkommen

kann. „Blöde Ziege", denkt Johanna. „Und blödes Pony."

In der Scheune setzen sich die drei Mädchen auf einen großen Strohballen.

„Wollt ihr noch mehr Fotos von Bella sehen?", fragt Lara.

„Au ja", ruft Marie.

„Nein, danke", erwidert Johanna. „Ich geh lieber rutschen. Kommst du mit, Marie?"

„Gleich", antwortet Marie. „Geh schon mal vor. Ich schau mir eben noch die Fotos an."

Missmutig klettert Johanna auf den Heuboden und geht zur Rutsche. „Blödes Pony", denkt sie wieder. Sie hatte sich die Freizeit ganz anders vorgestellt. Und sie ist froh, als endlich das Programm anfängt. Marc, Sabine und Christoph haben ein cooles Theaterstück vorbereitet, bei dem alle mitmachen können. Es wird ein lustiger Abend.

Am nächsten Morgen kommt Lara zu spät zum Frühstück. Sie hat Tränen in den Augen. Sabine geht zu ihr: „Lara, was ist denn los?"

„Meine Kamera ist weg", schluchzt das Mädchen. „Ich hab sie schon überall gesucht."

„Jetzt setz dich erst mal", versucht Sabine, sie

zu beruhigen. „Trink ein Glas Milch. Das tut gut. Wann hast du die Kamera denn zuletzt gesehen?"

Lara überlegt. „Gestern Abend. Ich hab sie neben mein Bett gelegt. Und heute Morgen war sie weg." Sie fängt wieder an zu weinen.

Sabine wendet sich an die anderen Kinder: „Hat jemand von euch Laras Kamera gesehen?" Die Kinder schütteln alle den Kopf.

„Also gut", meint Sabine. „Vielleicht möchte mir ja nach dem Frühstück jemand was erzählen. Dass er die Kamera doch gesehen hat. Oder sie weggenommen hat. Ich bin gleich im Mitarbeiterzimmer."

Der Rest des Frühstücks verläuft ziemlich leise. Die Kinder sind erschrocken. Hat etwa jemand die Kamera geklaut? Müssen sie dann auch um ihre Sachen Angst haben?

Nach dem Frühstück steht Marie schnell auf. „Ich helfe Lara noch mal beim Suchen", sagt sie zu Johanna. „Kommst du mit?"

„Nein, ich muss aufs Klo", sagt Johanna schnell. Das ist allerdings nicht die Wahrheit. Denn Johanna geht nicht zur Toilette. Sie läuft zum Mitarbeiterzimmer. Zögernd klopft sie an.

„Herein!", ruft Sabine.
Johanna öffnet die Tür.
„Hallo Johanna, was
gibt´s?", fragt die
Freizeitleiterin.
„Ich war das mit der
Kamera", antwortet
Johanna kleinlaut. „Ich
habe sie versteckt.
Gestern Abend, als Lara
schon geschlafen hat."

„Und wo ist die Kamera jetzt?"
„Sie ist noch in der Scheune. Ich habe sie
zwischen die Strohballen gesteckt", erklärt
Johanna.
Sabine schaut sie fragend an: „Aber warum hast
du das gemacht? Du bist doch sonst nicht für
solche Streiche zu haben."
Johanna nimmt ihren ganzen Mut zusammen.
„Lara hat Fotos von ihrem Pony auf der Kamera.
Und die zeigt sie ständig. Marie hat nur noch
Augen für das blöde Pony. Und für Lara. Dabei
bin ich doch ihre beste Freundin!"
Johanna wartet darauf, dass Sabine mit ihr
schimpft. Aber das macht sie nicht. Stattdessen

nimmt sie Johanna in die Arme. „Das tut ganz
schön weh. Das kann ich gut verstehen. Du bist
eifersüchtig auf Lara und auf ihr Pony."
Johanna nickt. Es tut so gut, dass Sabine sie
versteht.
„Hast du denn mit Marie gesprochen? Ihr gesagt,
dass du traurig bist? Dass du dich blöd fühlst?",
fragt Sabine.
Johanna schüttelt den Kopf. „Nein. Marie
interessiert sich doch nur für Lara und ihr Pony."
„Trotzdem ist es wichtig, dass du mit Marie
redest", sagt Sabine. „Sie hat es bestimmt
nicht böse gemeint. Und du musst Lara auch
ihre Kamera wiedergeben. Und dich bei ihr
entschuldigen. Das ist unangenehm, ich weiß."
„Ja, schon klar." Johanna wird das Herz ganz
schwer.
„Ich kann dir das leider nicht abnehmen", meint
Sabine freundlich. „Aber ich kann für dich beten.
Dass Lara dir verzeiht. Und dass Marie dich
versteht. Und dass ihr Freundinnen bleibt. Gott
versteht unsere Sorgen. Und er möchte uns
helfen."
Johanna nickt. „Ja, das wär lieb, wenn du betest.
Ich kann das nicht so gut. Nur Tischgebete und so."

Sabine lächelt. „Probier es doch mal aus.
Vielleicht nicht jetzt, im Ernstfall. Aber du kannst
zum Beispiel abends vor dem Einschlafen mit
Gott reden. Wie mit einem Menschen. Erzähl
ihm, was du am Tag erlebt hast. Was dich
glücklich macht. Und was dir Sorgen macht.
Aber jetzt bin ich erst mal dran."
Sabine faltet die Hände und spricht ein
Gebet: „Guter Gott! Du siehst, dass Johanna
eifersüchtig ist. Hilf ihr, die Sache zu klären. Hilf
Marie und Lara zu verstehen, warum Johanna
die Kamera versteckt hat. Danke, dass du immer
zuhörst. Amen."
„Danke", sagt Johanna. Entschlossen steht sie
auf und geht zur Tür.
„Alles Gute!", ruft Sabine ihr nach.
Eine halbe Stunde später geht Sabine an der
Spielscheune vorbei. Verwundert bleibt sie
stehen. Auf einem Strohballen liegen Johanna,
Marie und Lara eng umschlungen. Sie kichern.
Sabine geht zu ihnen. „Na, ihr habt aber gute
Laune", bemerkt sie.
Johanna strahlt sie an. „Wir haben alles geklärt.
Es war ein blödes Missverständnis."
„Ja, ich wollte Marie und Johanna gar nicht

auseinanderbringen", erklärt Lara. „Ich war nur
so allein hier."

„Und ich hab gar nicht gemerkt, dass Johanna
sich nicht so für das Pony interessiert", gibt
Marie zu. „Aber in Zukunft achten wir besser
aufeinander."

„Und jetzt sind wir zu dritt beste Freundinnen",
sagt Johanna glücklich. „Danke für deine Hilfe,
Sabine."

Sabine lächelt. „Ich wüsste da noch jemand anderes, der sich über ein Danke freut." Sie zwinkert Johanna zu. Und Johanna weiß ganz genau, wen sie meint. Spätestens heute Abend vor dem Schlafengehen wird sie noch mal Danke sagen.

Echte Freunde

„Jetzt seid mal bitte ruhig!", ruft Frau
Bohlmann. „In der nächsten Pause könnt ihr
weiterquatschen. Jetzt ist Unterricht."
Frau Bohlmann ist die Religionslehrerin der 2a.
Die 2a ist aber noch mit den Erlebnissen des
Wochenendes beschäftigt. Erst langsam kehrt
Ruhe ein.
„Heute geht es um echte Freunde", erklärt Frau
Bohlmann. „Was ist für euch ein echter Freund?"
Die Kinder überlegen. Dann gehen ein paar
Hände hoch.
„Ja, Leon?"
„Ein echter Freund hält immer zu mir. So wie
Anton!", sagt Leon stolz und zeigt auf seinen
Sitznachbarn. Anton wird rot. Dann meldet er
sich auch.
„Mit einem echten Freund kann man ganz viel
lachen. So wie mit Leon!" Anton grinst.
Frau Bohlmann nickt. „Ja, das ist beides wichtig
bei Freunden. Toll, dass ihr zwei euch so gut
versteht. Ihr erinnert mich an zwei Freunde, die

ich euch heute vorstellen möchte. Wer hat schon
mal von David und Jonathan gehört?"
Luisa meldet sich: „Die sind aus der Bibel,
oder?"
„Weißt du das? Oder hast du das geraten?", will
Frau Bohlmann wissen.
Luisa grinst verschmitzt: „Wir haben doch
Religion. Da geht es oft um Leute aus der Bibel."
Frau Bohlmann lacht: „Du bist wirklich schlau,

Luisa. Ja, von David und Jonathan wird in der Bibel erzählt. David kennt ihr vielleicht noch vom letzten Schuljahr. Da ging es um die Geschichte, wie der kleine David den großen Goliath besiegt hat. David war sehr erfolgreich. Und das gefiel Saul, dem König, irgendwann gar nicht mehr. Er hatte Angst, dass die Leute lieber David als König haben wollten. Deshalb wollte er David töten."

„Und wer war jetzt Jonathan?", fragt Leon neugierig dazwischen.

„Jonathan war Davids Freund", erklärt Frau Bohlmann. „Und er war der Sohn von Saul. Aber er hat zu David gehalten. Und ihn vor Saul gerettet."

Anton meldet sich: „Hat Jonathan dann nicht Ärger mit seinem Vater bekommen?"

„Ja, aber das war ihm egal. Er hatte David seine Freundschaft versprochen. Und er hat zu ihm gehalten." Frau Bohlmann hängt ein Bild an die Tafel, das zwei Männer zeigt. „So könnte man sich die beiden vorstellen. Aber vielleicht haben sie auch ganz anders ausgesehen."

Nun hat Justus eine Frage: „Die sehen aber gar nicht aus wie Leon und Anton. Sie haben doch gesagt, dass die beiden Sie an David und Jonathan erinnern."

„Ja, nicht wegen des Bildes. Das stimmt. Weder Leon noch Anton haben einen Bart."

Frau Bohlmann überlegt. „Leon hat gesagt, dass Anton immer zu ihm hält. Das hat mich an Jonathan erinnert: Er hat zu David gehalten. Auch wenn er selbst dadurch Nachteile hatte. Denn eigentlich wäre Jonathan ja der Nachfolger von Saul gewesen und König geworden."

Leon überlegt: „Bei Anton und mir gibt es das Problem mit dem König aber nicht. Und töten will uns auch keiner."

„Klar, die Situation heute ist eine andere",
bestätigt Frau Bohlmann. „Fallen euch
Situationen ein, in denen sich zeigt, ob jemand
ein echter Freund ist?"
Luisa meldet sich sofort. „Ja, letztes Jahr wurde
ich immer von ein paar Mädchen aus der vierten
Klasse geärgert. Aber meine Freundin Aylin hat
mich immer verteidigt. Obwohl sie dann selbst
geärgert wurde."
„Das ist ein gutes Beispiel", lobt die Lehrerin.
„Fällt euch noch eins ein?"
Anton zeigt auf. „Als letztes Jahr mein Opa
gestorben ist, war ich ganz oft traurig. Obwohl
Leon so gern lacht, ist er trotzdem zu mir
gekommen. Und wir haben dann was Ruhiges
gespielt. Oder einfach nur so dagesessen. Das
war toll von Leon!"
Frau Bohlmann zeigt auf das Bild von Jonathan
und David. „Ich schlage vor, dass ihr jetzt ein
Bild malt. Von euch und eurem Freund oder
eurer Freundin. Und wenn ihr mehrere gute
Freunde habt, könnt ihr die natürlich auch
malen. Versucht in dem Bild auszudrücken, was
eure Freundschaft ausmacht."
Die Kinder kramen eifrig ihre Stifte heraus.

„Was malst du?", fragt Leon.

„Uns beide. Wen sonst?", erwidert Anton. „Sollen wir das Bild zusammen malen?"

„Au ja!", antwortet Leon. „Ich mal dich und du malst mich. Das ist lustig!"

Frau Bohlmann schaut ihnen über die Schulter. „Ihr seid wirklich ein tolles Team. Soll ich euch ab heute David und Jonathan nennen?"

Anton schüttelt den Kopf. „Nee, lieber nicht. Sonst will mein Vater noch den Leon umbringen. Wär schade drum, oder?" Grinsend stupst er seinen Freund an. Und dann müssen beide lachen.

Bettina Wendland

Das Pony auf dem Pausenhof

Lauter freche Schulgeschichten

Mit Illustrationen von Guido Apel

Einschulung mit Volltreffer

Der Fußballtornister steht im Flur. Auf dem
Regal liegt die große Schultüte. Eine Fußball-
Schultüte natürlich.
Finn ist aufgeregt. Er bekommt die Schleife bei
seinen Schuhen nicht hin. „Mama, kannst du mir
helfen?", ruft Finn. Er hat eine kleine Träne im
Auge. Wütend wischt er sie weg.
„Du bist aufgeregt, nicht wahr?", sagt seine
Mama sanft. Liebevoll nimmt sie ihn in den Arm:
„Das wird heute ein aufregender, aber bestimmt
auch ein großartiger Tag!"
Zusammen mit Mama, Papa und seinem großen
Bruder Jonas fährt Finn zur Kirche. „Warum
müssen wir in die Kirche?", mault Jonas. „Es ist
doch heute Einschulung. Und nicht Einkirchung!"
Papa lacht: „Bei deiner Einschulung gab es
vorher auch eine Einkirchung. Wenn etwas
Neues anfängt, können wir Gott um Hilfe bitten."
„Hatte Jesus auch eine Schultüte?", will Finn
wissen.
„Vielleicht eine aus Holz", meint Jonas.

„Jesus' Papa war doch Zimmermann."

Endlich kommen sie an der Kirche an. Mama quetscht das Auto in eine enge Parklücke. „Bestimmt ist die Kirche heute voll", bemerkt sie. Vielleicht so voll wie Finns Bauch. In dem sind viele Schmetterlinge, Vögel und Flugzeuge unterwegs. So fühlt es sich wenigstens an. Es kribbelt und krabbelt und flattert und brummt …

Da entdeckt er Toni aus seinem Kindergarten: „Hey Toni, warte! Schau dir mal meine coole Schultüte an!"

Toni nickt und zeigt auf seine Piratentüte: „Da ist ein echter Schatz drin."

In der Kirche summt und brummt es wie in Finns Bauch. Überall schwirren Kinder mit Schultüten herum. Finn, Jonas und ihre Eltern finden noch vier freie Plätze.

Der Gottesdienst beginnt. Pfarrer Heinemann hat seine Gitarre mitgebracht. Er stimmt ein Lied an: „Voll-, Voll-, Volltreffer, ja ein Volltreffer Gottes bist du."

Zack – landet eine Papierkugel in Pfarrer Heinemanns Gesicht.

„Volltreffer", ruft ein Kind aus der letzten Reihe. Alle lachen. Oder fast alle. Die meisten Eltern

versuchen, ernst zu bleiben. Und Pfarrer Heinemann? Erst guckt er etwas verdutzt. Dann muss auch er lachen: „Stimmt, das war ein Volltreffer!"

Nun erzählt der Pfarrer eine Geschichte aus der Bibel. Aber Finn bekommt kaum etwas mit. Zu aufregend ist alles.

Die Kinder der vierten Klasse singen ein Lied: „Halte zu mir, guter Gott, heut den ganzen Tag." Finn schickt ein Gebet an Gott: „Ja, mach das bitte!"

So langsam wird das Kribbeln weniger.

Finn bekommt sogar mit, was Pfarrer Heinemann sagt: „Ihr lieben Erstklässler, denkt daran: Ihr seid in der Schule nicht allein. Gott geht mit euch mit. Und nicht vergessen: Ihr seid ein Team. Haltet immer zusammen!"

Finn schaut auf seine Schultüte: „Ein Team sind wir. Ein Fußballteam", flüstert er.

Nach dem Gottesdienst laufen alle zur Schule. Zum Glück ist die nicht weit entfernt.

Auf dem Schulhof begrüßt der Schulleiter Herr Sommer die Erstklässler. „Willkommen in der Talschule. Und viel Spaß beim Lernen!"

Finn ist in der 1a. Toni auch. Und Lisa und Jana.

Finn kennt sie aus dem Kindergarten. Frau Winter ist die Klassenlehrerin der 1a. Jonas hat Finn erzählt, dass sie sehr nett ist. „Sie kann aber auch streng sein", hat Jonas behauptet. So sieht sie aber gar nicht aus. Sondern nur nett. Frau Winter geht mit den Kindern der 1a in ihren Klassenraum. Die Kinder dürfen sich einen Platz aussuchen. Finn sitzt neben Toni. „Was für ein Glück", denkt er. „Lernen wir jetzt lesen?", fragt Jana laut. „Nein", lacht Frau Winter. „Heute wollen wir uns nur ein bisschen kennenlernen." Jedes Kind bekommt ein Stück Pappe. Darauf soll es seinen Namen schreiben und ein Bild malen. Finn malt einen Fußball. Toni will einen Piraten malen. Aber das ist ganz schön schwierig. Er fängt auf der Rückseite noch einmal neu an. Diesmal malt er lieber ein Schiff. Das ist leichter. Jana malt eine Blume. Lisa zeichnet ein Pferd. „Das sieht aus wie ein Hund", lacht Toni. Finn stößt ihn in die Seite. „Lass das! Wir sind doch ein Team. Wie beim Fußball. Wir müssen zusammenhalten."

Toni wird rot. Das ist ihm peinlich.
„Entschuldigung", flüstert er Lisa zu.
„Schon okay", sagt sie.
Frau Winter hat das Gespräch gehört. „Du
hast recht, Finn. Wir sind ein Team. Wenn wir
zusammenhalten, können alle gut lernen. Und
bald auch lesen", sagt sie zu Jana.
„Dann sind Sie unsere Trainerin", platzt es aus
Finn heraus. Alle müssen lachen.
Die erste Schulstunde ist viel zu schnell vorbei.
Frau Winter gibt ihnen noch eine Hausaufgabe
auf: Die Kinder sollen ein Bild von ihrer
Schultüte malen. „Bis morgen", ruft sie den
Kindern nach, als sie nach draußen stürmen.
„Bis morgen", antwortet Finn fröhlich. Und ihm
fällt auf, dass das komische Kribbeln in seinem
Bauch ganz verschwunden ist.

Nina findet keine Freundin

Ninas erster Schultag wird bestimmt richtig blöd.
Sie ist ganz allein in der 1b. Sie kennt keinen.
Gestern hat sie es ihrer Mama erzählt: dass
sie Angst hat vor der Schule. Und ihre Mama
hat im Abendgebet dafür gebetet, dass sie sich
trotzdem wohlfühlt. Und dass sie schnell eine
Freundin findet.
Aber jetzt steht Nina allein da. Die Kinder dürfen
sich einen Platz im Klassenraum suchen. Und
alle Mädchen haben schon eine Sitznachbarin.
„Setz dich doch da vorn hin. Neben Kevin", sagt
Frau Wieland, die Klassenlehrerin. Zögernd geht
Nina zu dem Tisch.
„Hallo", sagt sie leise. „Hallo", antwortet Kevin.
Er rückt ein bisschen zur Seite. Nina ist den
Tränen nah. Sie will doch in ihrer Klasse
eine Freundin finden. So eine wie Mia im
Kindergarten. Mit der man lachen und spielen
kann. Und jetzt sitzt sie neben einem Jungen.
Der Unterricht beginnt. Frau Wieland hat ganz
viele Tierpostkarten mitgebracht. Die Kinder

dürfen sich eine Postkarte mit ihrem Lieblingstier aussuchen. Nina entscheidet sich für ein süßes Shetlandpony mit Fohlen. Sie liebt Pferde. Zurück an ihrem Platz schielt sie auf Kevins Tischhälfte.

Sie kann es kaum glauben: Kevin hat eine Postkarte mit einem Araberhengst ausgesucht.

„Magst du auch Pferde so gern?", flüstert Nina.

„Klar, am liebsten esse ich sie mit Ketchup."

Nina muss schlucken.

„Hey, das war Spaß", lacht Kevin. „Ich mag Pferde auch. Das sind doch die coolsten Tiere überhaupt."

Nun fragt Frau Wieland die Kinder, für welches Tier sie sich entschieden haben und warum.

„Ich habe zu Hause zwei Kaninchen", erklärt Leon. Er zeigt eine Karte mit einem schwarzen Häschen. „Meine sind aber braun und weiß", fügt er hinzu.

„Ich wünsche mir einen Hund", ruft Jule. Auf ihrer Karte ist ein gewaltiger Bernhardiner zu sehen. „Der wäre aber zu groß für unsere Wohnung", lacht Jule. „Dann müssten meine beiden Brüder ausziehen. Eigentlich keine schlechte Idee …"

Nun ist Nina an der Reihe. „Ich würde gern reiten

lernen", sagt sie leise und zeigt ihre Shetty-Karte. Kevin ist begeistert: „Cool! Ich hab schon Reitunterricht. Du kannst ja mal mitkommen." Er hält seine Pferde-Karte hoch. „Auf einem so großen Pferd würde ich gern mal reiten." Leon ruft dazwischen: „Dann brauchst du aber eine Leiter!" Kevin ist nämlich der kleinste Junge in der Klasse.
Aber Kevin lässt sich nicht ärgern. „Kein Problem, Leon. Du bist doch so stark. Dann kannst du mich ja auf das Pferd heben." Alle lachen. Nina staunt. Kevin ist wirklich cool. Nun sind die nächsten Kinder dran. Manche haben sich für exotische Tiere entschieden. Lars hat eine Känguru-Karte ausgesucht. Er will später nach Australien auswandern. Mert hat sich für Affen entschieden. Die findet er im Zoo immer so lustig.
Aber Nina kann gar nicht mehr richtig zuhören. Was hat Kevin da gesagt? Er hat Reitunterricht. Er will, dass sie mitkommt. Sie muss unbedingt mehr darüber herausfinden.
Endlich ist die erste Schulstunde vorbei. Als Hausaufgabe sollen die Kinder ihr Lieblingstier malen.

Jetzt will Nina aber erst mal etwas anderes wissen. „Kevin, warte mal!", ruft sie ihm nach. „Wo reitest du denn?"

„Auf dem Mühlenhof. Die haben ganz viele Shetlandponys. Solche wie auf deiner Karte. Du kannst dir den Hof ja mal anschauen. Ich bin immer dienstags da."

„Ja, ich frag mal meine Eltern", sagt Nina.

„Okay, dann bis morgen. Hoffentlich schaffe ich die Hausaufgaben. Ich kann besser auf Pferden reiten als sie malen", lacht Kevin.

„Ich kann besser malen als reiten", erwidert Nina. „Aber das kann sich ja ändern."

Auf dem Schulhof trifft Nina ihre Eltern wieder.

„Na, hast du schon eine Freundin gefunden?", fragt ihre Mutter.

„Nein, eine Freundin nicht", antwortet Nina glücklich, „aber einen Freund."

Herr Blau und die rote Ampel

Finn und Toni sind aufgeregt. Heute kommt
ein Polizist in die Schule. Nein, sie haben
nichts geklaut. Sie haben auch keine Mädchen
geärgert. Der Polizist will ihnen nur zeigen, wie
sie richtig über die Straße gehen.
Eigentlich haben sie das ja schon im
Kindergarten gelernt. Aber Finn weiß trotzdem
oft nicht, ob er gehen oder warten soll. Deshalb
bringt Mama ihn auch jeden Morgen zur Schule.
Gern würde er allein mit Toni gehen. Aber
das darf er erst, wenn er sicher die Straße
überqueren kann.
Nach der großen Pause sitzen die Kinder
erwartungsvoll in ihrem Klassenraum. Endlich
klopft es. „Herein", rufen alle.
Ein Polizist in blauer Uniform betritt das
Klassenzimmer. „Guten Morgen", sagt er.
Er geht nach vorn zu Frau Winter.
„Ich bin Blau", sagt er. „Günter Blau. Das könnt
ihr euch gut merken: Blau wie meine Uniform."
„Aber Polizisten sind doch grün", wirft Tarik ein.

„Ja, bis vor Kurzem waren Polizisten grün. Da hast du recht", erklärt Herr Blau. „Aber in unserem Bundesland haben wir neuerdings blaue Uniformen. In den meisten anderen Bundesländern auch."

„Aber in München sind die Polizisten alle grün", beharrt Tarik. „Da wohnt nämlich mein Onkel."

„Stimmt", gibt Herr Blau zu. „München gehört zu Bayern. Und da gibt es grüne Uniformen. Welche findet ihr denn besser?"

„Blau", ruft Toni.

„Nein, grün ist cooler", meint Tarik.

„Ich fände rosa schön", wirft Lisa ein. „Wenigstens für die Polizistinnen."

Herr Blau lacht: „Gute Idee. Das werde ich meinem Chef mal vorschlagen."

Frau Winter unterbricht die Diskussion über die Farben: „Wir haben Herrn Blau ja noch gar nicht richtig begrüßt. Also, Kinder!"

„Guten Morgen, Herr Blau!", sagen die Erstklässler artig.

„Ja, guten Morgen. Schön, dass ich hier sein kann. Aber am besten gehen wir mal nach draußen. Da können wir besser üben, wie ihr sicher über die Straße kommt."

Die Kinder springen auf und drängeln auf den Flur. Dort ziehen sie ihre Schuhe und Jacken an. Dann laufen sie die Treppe hinunter. Auf dem Schulhof stellen sie sich in Zweierreihen auf. Herr Blau ist beeindruckt: „Das macht ihr aber gut. Klappt ja besser als in der Polizeischule."

„Haben wir ja auch schon oft geübt", erwidert Lisa.

„Sind wir echt besser als die Polizisten in der Polizeischule?", will Finn wissen.

„Beim Aufstellen ja", antwortet Herr Blau. „Ob das auch beim Überqueren der Straße so ist, müsst ihr mir noch zeigen."

„Klar können wir das", ruft Tarik vorlaut.

„Und warum bist du dann gestern ohne zu gucken über den Zebrastreifen gerannt?", fragt Toni.

„Petze", zischt Tarik ihm zu.

„Kinder, jetzt seid mal ruhig. Hört zu, was Herr Blau euch sagt", geht Frau Winter dazwischen. Herr Blau läuft voran zur Straße. Die Kinder folgen ihm. Frau Winter geht als Letzte. Damit kein Kind verloren geht.

Da ruft Lisa plötzlich: „Stopp! Jana ist nicht da!" Frau Winter bekommt einen Schreck. Sie hat

ganz vergessen, die Kinder zu zählen. „Wo ist
sie denn?"

„Sie wollte noch schnell aufs Klo", erklärt Lisa.

„Das kann lange dauern", meint Toni. „Die
braucht doch immer eine Stunde auf dem Klo.
Das war schon im Kindergarten so."

„Stimmt gar nicht!", empört sich Lisa. „Das war
nur einmal. Da hat sie abgeschlossen und die
Tür nicht wieder aufbekommen."

Finn dreht sich um: „Da kommt sie schon. Wir
können weiter." Es ist ihm immer peinlich, wenn

Toni so schlecht über andere Kinder redet.
Eigentlich ist Toni ja sein Freund. Aber das mag
er gar nicht an ihm. Klar, die Mädchen nerven
oft. Aber Jana ist irgendwie anders. Und sie hat
so schöne lange Haare …

Frau Winter zählt die Kinder noch einmal durch.
„Ja, jetzt sind alle da. Jana, beim nächsten Mal
sagst du mir Bescheid, wenn du auf die Toilette
musst."

„Auch wenn ich zu Hause bin?", fragt Jana. „Soll
ich Sie dann anrufen?"

147

„Nein, natürlich nicht", antwortet Frau Winter ungeduldig. „Nur wenn du in der Schule bist."

„Ist gut", meint Jana und nimmt ihre Freundin Lisa an der Hand.

Jetzt geht es endlich los in den gefährlichen Straßenverkehr. Vor der Schule ist ein Zebrastreifen. Herr Blau bleibt am Straßenrand stehen.

„Was müsst ihr beim Zebrastreifen beachten?", fragt er die Kinder.

„Man darf nur auf den weißen Streifen gehen", behauptet Tarik.

„So ein Quatsch!", ruft Lisa. „Man darf über alle Streifen gehen. Und die Autos müssen halten."

„Ja, aber zuerst muss man gucken, ob sie auch wirklich anhalten", sagt Toni.

Leider ist weit und breit kein Auto zu sehen. Auf der Straße vor der Schule ist oft wenig Verkehr. Nur morgens vor Schulbeginn fahren viele Autos hier entlang. Das sind dann meistens Eltern, die ihre Kinder zur Schule bringen.

Herr Blau ist ein bisschen enttäuscht. „Na gut, wenn kein Auto kommt, können wir ja rübergehen."

Sie überqueren die Straße und gehen

an ihr entlang. Ein Stück weiter ist eine Fußgängerampel.

„Guck mal, Toni. Da vorn ist Pfarrer Heinemann", sagt Finn zu seinem Freund. Und wirklich: Pfarrer Heinemann nähert sich von der anderen Straßenseite der Ampel. Aber er bleibt nicht stehen. Er drückt auch nicht auf den Knopf, damit die Ampel grün wird. Er geht einfach über die Straße. Bei Rot!

„He, Herr Pfarrer!", ruft Toni. „Sie dürfen doch nicht bei Rot gehen!"

Pfarrer Heinemann dreht sich erschrocken um.

„O weh. Da habt ihr mich erwischt!" Der Pfarrer wird rot. Fast so rot wie die Ampel. „Ich sollte ja eigentlich ein gutes Vorbild sein. Aber wisst ihr: Auch ein Pfarrer macht mal einen Fehler. Vergebt ihr mir?"

„Was ist ‚vergeben'?", fragt Tarik.

„Dasselbe wie ‚entschuldigen'. Wenn ich dir zum Beispiel auf den Fuß trete, bitte ich um Entschuldigung. Wenn du ‚okay' sagst, hast du mir vergeben. Das heißt: Du bist nicht mehr böse auf mich."

„In der Kirche sprechen Sie auch oft über Vergebung", weiß Finn.

„Ja, das stimmt. In der Kirche reden wir ja viel über Gott. Und wir reden mit Gott. Das nennt man beten. Und wenn wir etwas falsch gemacht haben, können wir auch Gott um Vergebung bitten."

„Sagt er dann auch ‚okay'?", fragt Tarik.

„Ja. Nur leider können wir das meist nicht hören. Wir wissen es aber, weil es in der Bibel steht." Pfarrer Heinemann schaut herüber zu Herrn Blau. „Aber ihr habt ja jetzt keinen Religionsunterricht. Ihr sollt ja etwas über den Straßenverkehr lernen. Und das kann Herr Blau sicher besser als ich."

„Muss der Pfarrer nicht Strafe zahlen?", fragt Toni den Polizisten.

„Eigentlich schon", meint Herr Blau. „Aber wenn ihr ihm verzeiht, dann will ich auch nicht so streng sein." Er wendet sich an Pfarrer Heinemann: „Aber Sie müssen versprechen, dass Sie ab jetzt immer bei Grün gehen."

„Ja, das verspreche ich", sagt Pfarrer Heinemann.

„Na, da habt ihr ja schon viel gelernt heute", meint Herr Blau. „Jetzt könnt ihr euch gut merken, dass man nur bei Grün gehen darf."

„Deshalb sind die grünen Uniformen ja auch besser", sagt Tarik. „Wenn man nicht weiß, bei welcher Farbe man gehen soll, muss man nur einen Polizisten angucken."

Das Schultütengesicht

Heute kommt der Fotograf in die Schule.
Deshalb haben die Kinder der ersten Klasse
noch einmal ihre Schultüten mitgebracht.
Denn die sollen natürlich mit aufs Foto. Im
Klassenraum ist aber viel zu wenig Platz dafür.
„Am besten lasst ihr sie im Flur liegen", erklärt
Frau Wieland.
„Und wenn sie einer klaut?", fragt Jule.
„Oder sie kaputt macht?", wirft Leon ein.
„Na gut", gibt Frau Wieland nach. „Dann legt die
Schultüten vorsichtig neben eure Tische. Der
Fotograf kommt in der zweiten Stunde. Bis dahin
geht das."
Am Ende der ersten Stunde klopft es. Es ist
Herr Lichtblick, der Fotograf. Im Lehrerzimmer
hat er eine blaue Wand aufgebaut. Davor will er
die Kinder fotografieren. Nun holt er sie einzeln
aus der Klasse. Später soll es dann noch ein
Klassenfoto auf dem Schulhof geben.
„Ich will zuerst fotografiert werden", ruft Mert. Er
greift nach seiner Star-Wars-Schultüte.

„Immer langsam", entgegnet Frau Wieland. „Wir machen das nach dem ABC. Leon ist der Erste."
„Aber Leon fängt mit L an und nicht mit A", weiß Mert.
„Das ist richtig. Gut, dass du das weißt. Aber wir nehmen den Nachnamen. Und weil Leon mit Nachnamen Albert heißt, ist er der Erste", erklärt Frau Wieland. „Aber du bist auch bald dran, Mert. Dein Nachname beginnt ja mit B. Das ist der zweite Buchstabe im Alphabet."
Leon schnappt sich seine Ritter-Schultüte. Gemeinsam mit dem Fotografen geht er ins Lehrerzimmer.
„Stell dich mal vor die blaue Wand", fordert ihn Herr Lichtblick auf.
Leon ist nervös. Im Lehrerzimmer war er noch nie. Und er lässt sich nicht gerne fotografieren. Er lächelt krampfhaft in die Kamera.
„Mach dich mal locker", fordert ihn der Fotograf auf. „Soll ich dir einen Witz erzählen? Also: Warum haben Fische Schuppen? – Damit sie bei Regen ihr Fahrrad unterstellen können."
Leon guckt den Fotografen mit großen Augen an. Den Witz hat er nicht verstanden. Aber er versucht, trotzdem zu lachen.

„Nein, so wird das nichts." Herr Lichtblick ist
noch nicht zufrieden. „Stell dir mal vor, wie dein
Freund auf dem Klo sitzt."
Leon muss an Lars denken. Und fängt an zu
kichern.
„Ja, so ist es gut!", ruft Herr Lichtblick begeistert.
„Das Bild ist schön geworden. Geh zurück
in deinen Klassenraum und schick mir den
Nächsten runter."
Leon läuft zurück in seine Klasse. Er muss

immer noch grinsen.

„Na, wie war es?", fragt ihn Lars.

„Sehr lustig. Ich musste an dich denken", antwortet Leon.

„Wieso ist das lustig?", fragt Lars genervt.

„Das wirst du schon sehen, wenn du dran bist", erwidert Leon.

Nach und nach werden alle Kinder mit ihrer Schultüte fotografiert. Fast alle grinsen oder kichern, wenn sie zurück in die Klasse kommen. Herr Lichtblick hat ihnen wohl allen die Sache mit dem Klo erzählt.

Schließlich ist das Klassenfoto dran. Das soll draußen auf dem Schulhof gemacht werden. Alle Kinder drängen mit ihren Schultüten zum Ausgang. Dabei verhakt sich Merts Star-Wars-Tüte in der Türklinke. Ratsch!, macht es.

„Scheiße, meine Schultüte ist kaputt!", schreit Mert.

Frau Wieland guckt böse: „Mert, solche Wörter wollen wir doch nicht sagen!"

„Welche Wörter?", fragt Mert. „Meinen Sie ,kaputt'?"

„Nein, ich meine ,Scheiße'", erklärt Frau Wieland ungeduldig.

„Aber jetzt haben Sie es doch selbst gesagt", meint Mert erstaunt. „Und was mache ich nun mit meiner Schultüte?"

„Ich hole Tesafilm. Damit können wir den Riss kleben", sagt Frau Wieland genervt und geht wieder ins Klassenzimmer.

Als sie auf den Schulhof kommt, haben sich alle Kinder schon auf der Schultreppe aufgestellt. Nur Jule hüpft noch auf dem Schulhof herum.

„Hey, Zappeltante", ruft Herr Lichtblick ihr zu. „Stell dich mal zu den anderen."

„Okay", antwortet Jule fröhlich. Sie hüpft zur Schultreppe und stellt sich neben Nina.

Frau Wieland hat Merts Schultüte inzwischen repariert. Danach hat sie sich zu ihrer Klasse gestellt. Nun kann es losgehen.

Herr Lichtblick schaut durch seine Kamera.

„Nein, so geht das nicht. Mister Star Wars – du hast die Schultüte vor dem Gesicht. Halt sie etwas tiefer."

Mert gehorcht. Aber der Fotograf ist immer noch nicht zufrieden. „Zappeltante, kannst du nicht mal zwei Minuten still stehen?"

Jule verzieht das Gesicht. Wann ist das blöde Rumstehen endlich vorbei?

Herr Lichtblick scheint nun zufrieden zu sein. Er klettert auf einen Stuhl, den er vor den Kindern aufgestellt hat. Er will sie ein bisschen von oben fotografieren. Das sieht besser aus, hat er den Kindern erklärt.

Oben auf dem Stuhl blickt er durch seine Kamera. „Cheese!", ruft er. Und dann: „Halt! Hey, Pferdefräulein, jetzt hast du die Schultüte vor dem Gesicht."

Nina schaut sich um. Sie ist das einzige Mädchen mit einer Pferdeschultüte. Also meint der Fotograf wohl sie. „Aber hier ist es so eng", beschwert sie sich.

„Dann rutscht alle mal ein Stückchen auseinander", befiehlt Herr Lichtblick. Es gibt ein großes Geraschel. Und plötzlich einen Aufschrei. Jule ist die Treppe heruntergefallen. Sie hat sich am Knie wehgetan und weint.

Frau Wieland eilt zu ihr. „Alles okay?" Jule nickt tapfer.

„Dann versuch bitte mal still zu stehen", fordert Frau Wieland sie auf.

„Aber der Fotograf hat doch gesagt, wir sollen auseinandergehen. Nur bei mir war auf einmal die Treppe zu Ende."

„Dann guck beim nächsten Mal, wo du hintrittst",
sagt Herr Lichtblick genervt.
Endlich stehen alle Kinder am richtigen Platz.
Keiner hat seine Schultüte vor dem Gesicht und
alle lächeln. Naja, fast alle. Jule tut ihr Knie
weh. Da reicht es nur für ein schiefes Grinsen.
„Ja, prima, das ist gut so", ruft Herr Lichtblick.
Um die Kinder noch besser aufs Bild zu
bekommen, lehnt er sich etwas nach hinten.
Rums!, macht es da. Herr Lichtblick liegt mit
dem Rücken auf dem Boden. Wie ein Käfer
sieht er aus. Nur dass er nicht mit den Beinen
strampelt.
Frau Wieland eilt zu ihm. „Haben Sie sich
verletzt?"
Herr Lichtblick stöhnt. „Nein, es geht schon
wieder." Er rappelt sich auf. „Ich probiere es
wohl besser vom Boden aus. Das ist sicherer."
Inzwischen ist Herr Sommer, der Schulleiter, auf
den Pausenhof gekommen. Interessiert schaut
er zu, wie das Klassenfoto entsteht. In der Hand
hält er eine Kaffeetasse. Der Kaffee dampft.
Herr Lichtblick ist jetzt richtig in Fahrt. Er macht
viele Fotos nacheinander. Dabei läuft er mal
nach rechts, mal nach links, mal nach vorn und

mal nach hinten. Das hätte er besser nicht tun
sollen. Als er ein paar Schritte zurückgeht, stößt
er mit Herrn Sommer zusammen.
Herr Sommer lässt vor Schreck seine
Kaffeetasse fallen. Sie zerspringt in tausend
Teile. Der Kaffee ergießt sich auf die Steine. „Oh
nein!", ruft er. „Der leckere Kaffee!"
„Entschuldigung", stammelt Herr Lichtblick. „Ich
war gerade so in Fahrt."
„Tja," meint Jule frech, „dann müssen Sie eben
besser gucken, wo Sie hintreten!"

Kopfsprung ohne Badehose

Es regnet in Strömen. Lena hält sich ihre
Schwimmtasche über den Kopf und rennt zum
Bus. Mistwetter! Und dann ist heute auch noch
Schwimmunterricht. Den mag sie gar nicht. Zwar
hat sie letztes Jahr ihr Seepferdchen gemacht.
Aber seitdem war sie nicht mehr schwimmen.
Ihre Mutter hat meistens keine Zeit. Und auch
keine Lust, glaubt Lena.
Tom dagegen freut sich aufs Schwimmen. Da
kann er den anderen zeigen, wie toll er ist. Er
hat schon das Bronze-Abzeichen. Und bald will
er Silber machen.
Endlich sitzt die ganze Klasse 2b im Bus. Der
bringt die Kinder ins Schwimmbad. Ein richtiges
Hallenbad ist das, mit tiefem Wasser. Lena hat
davor Angst. Sie ist so unsicher. Und ins Tiefe
reinspringen – das traut sie sich nicht so richtig.
Hoffentlich müssen sie das heute nicht machen.
Im Schwimmbad ziehen sich die Jungen und
Mädchen um. Das dauert ganz schön lange.
Justin kann seine Badehose nicht finden.

160

„Schwimm doch in deiner Unterhose", schlägt ihm Tom vor.

„Nee, das ist ja voll peinlich", erwidert Justin.

„Oder ganz ohne", lacht Tom.

„Das kannst du ja machen, wenn du das so lustig findest", antwortet Justin ärgerlich. Zum Glück entdeckt er die Badehose doch noch. Seine Mutter hat sie in sein Handtuch eingerollt. Endlich sind alle Kinder umgezogen und geduscht.

Alle außer Justin. Er hasst Duschen. „Ich bin doch sauber", erklärt er Frau Matschke.

Doch die lässt das nicht durchgehen:
„Meinetwegen kannst du auch mit deiner
Badehose draußen durch den Regen laufen.
Aber abduschen musst du dich."
Justin gibt nach und geht kurz unter die Dusche.
Nach ungefähr zwei Sekunden ist er wieder da.
„Hast du auch wirklich geduscht?", fragt die
Lehrerin.
Justin nickt eifrig. Und tatsächlich: Seine Haare
sind nass. Nun ist Frau Matschke zufrieden.
Zuerst dürfen sie im Nichtschwimmerbecken ein
bisschen plantschen. Dann fragt Frau Matschke,
ob schon alle das Seepferdchen haben.
„Seepferdchen ist doch Baby", meint Tom. „Ich
mach bald Silber."
„Das ist ja schön", sagt Frau Matschke. „Wenn
du schon so gut schwimmen kannst, kannst du
ja denen helfen, die noch nicht so weit sind."
Tom verzieht das Gesicht. So hatte er sich das
nicht vorgestellt. „Nee, lieber nicht", stottert er.
„So gut bin ich nun auch wieder nicht."
Frau Matschke bittet die Kinder, eine lange Bahn
zu schwimmen. Auf der anderen Seite sollen sie
aus dem Becken klettern. Dann wollen sie das
Reinspringen üben.

„Mist!", entfährt es Lena.

„Was ist los?", fragt ihre Freundin Laura.

„Ich hab Angst vorm Springen."

„Dann sag doch, dass du aufs Klo musst", rät Laura.

„Nee, lügen will ich auch nicht. Es wird schon gehen. Fürs Seepferdchen musste ich das ja auch machen. Das ist aber schon so lange her."

Laura überlegt: „Weißt du was? Ich frag Frau Matschke, ob wir zusammen springen können. Hand in Hand. Ist es dann leichter für dich?"

„Ja, das wäre super", meint Lena. „Danke!"

Und tatsächlich: Frau Matschke erlaubt, dass Lena und Laura Hand in Hand springen. Nur im Wasser sollen sie sich loslassen. Weil sie ja zum Schwimmen beide Arme brauchen.

Tom lästert: „Das ist ja albern. Jetzt gehen die Mädchen nicht nur zusammen aufs Klo. Sie springen auch zusammen ins Wasser. Habt ihr Angst oder was?"

„Halt doch die Klappe", sagt Laura cool.

Lena bewundert sie: Laura ist es immer total egal, was andere sagen oder denken. Sie ist so selbstbewusst. Das wäre Lena auch gern.

Endlich ist Tom dran mit Springen. Natürlich

springt er nicht einfach vom Rand. Nein, er steigt auf den Startblock. Das ist viel cooler. Er reckt und streckt sich, damit alle zu ihm hingucken. Jetzt zeigt er ihnen mal, wie gut er springen kann. Er kann nämlich schon einen Startsprung. Da landet man mit dem Kopf zuerst im Wasser und nicht mit den Füßen. So springen auch die richtigen Schwimmer im Fernsehen.

Tom beugt sich vor, um loszuspringen. Da merkt er, dass seine Badehose rutscht. Mist! Er hat keine Schleife in das Band der Badehose gemacht. Schleifen kann er nämlich noch nicht

so gut. Aber jetzt gibt es kein Zurück mehr.
Alle gucken ihm zu. Schnell springt er los. Und
merkt, wie ihm beim Springen die Badehose
herunterrutscht.
Als Tom wieder auftaucht, lachen alle Kinder.
Toms Badehose hängt ihm an den Knien.
Schnell taucht er unter und zieht sich die Hose
hoch. Als er wieder nach oben kommt, ist er
knallrot im Gesicht.
„Coole Vorführung", bemerkt Justin. „Wenn ich
nächstes Mal meine Badehose wieder nicht
finde, schwimmen wir beide ohne. Abgemacht?"
„Nein, danke", sagt Tom genervt. „Du kannst
mir beim nächsten Mal lieber mit der Schleife
helfen."
„Da fragst du mal besser die Mädchen", erwidert
Justin. „Darin sind die richtig gut. Wenn es ein
Abzeichen dafür gäbe, hätten die mindestens
Silber!"

Tor mit Matsche

Heute findet beim FC Eintracht ein
Fußballturnier statt.
Alle Grundschulen der Stadt sind dazu
eingeladen. Auch die Klasse 2b der Talschule
ist dabei. Laura ist Torhüterin. Niklas ist Stürmer.
Und Tom spielt den Verteidiger. Außerdem
spielen noch Said, Alex und Justin mit.
Auch Lena will mitspielen. Aber die Jungs finden
das doof. Lena ist ziemlich dick. Und sie kann
nicht so schnell laufen. Da kann sie bestimmt
auch nicht gut Fußball spielen.
Aber ihre Klassenlehrerin Frau Matschke meint,
dass alle mitspielen dürfen, die wollen. Also
auch Lena.
Der Fußballplatz vom FC Eintracht ist eigentlich
ein Rasenplatz. Aber weil es viel geregnet hat,
ist er ein Matschplatz. Vor allem vor den Toren
sind große Matschpfützen.
„Hoffentlich muss ich mich nicht so viel
hinschmeißen", meint Laura. „Dann sehe ich ja
hinterher aus wie ein Schwein."

„Wieso hinterher?", fragt Tom frech.

Lena baut sich vor ihm auf. „Was soll das heißen? Willst du meine Freundin beleidigen?"

Tom lenkt ein: „Schon gut, beruhige dich. War nicht so gemeint. Sollte nur ein Spaß sein."

„Ein blöder Spaß", meint Laura. „Ihr könnt euch auch gern einen anderen Torwart suchen."

„Sei doch nicht gleich beleidigt", erwidert Tom. Wenn Laura nicht mitspielt, haben sie ein Problem. Laura ist eine richtig gute Torwartin. Und von den Jungs steht keiner gern im Tor.

Zuerst spielt die 2b der Talschule gegen eine Mannschaft von der Bergschule. Das Spiel beginnt. Die Talschüler sind am Ball. Tom passt zu Justin. Der schießt den Ball zu Niklas. Ein Schuss und – Tor! Die Kinder der 2b jubeln. Doch die Mannschaft von der Bergschule ist auch stark. Tom und Said haben als Verteidiger viel zu tun. Aber Lauras Tor bleibt sauber. Und Laura auch.

Lena kommt fast nie an den Ball. Auch wenn sie frei steht, schießt keiner zu ihr. Die Jungs denken, dass sie den Ball sowieso verliert. Wieder spielt Justin zu Niklas. Der steht aber gar nicht frei. Da schimpft Lena: „Mann, ich

stehe total frei! Schieß doch mal zu mir!"
Fünf Minuten vor Schluss schießen die
Bergschüler den Ausgleich. Es steht 1:1. Nun
kommt es drauf an. Die Talschüler müssen
unbedingt noch ein Tor schießen.
Said ist am Ball. Er passt zu Alex. Der stolpert
über den Ball. Ein Bergschul-Spieler kommt
angerannt. Doch von der anderen Seite sprintet
Lena zum Ball. Sie erwischt ihn knapp und läuft
mit ihm aufs Tor zu. Mit viel Kraft schießt sie ihn
in die rechte Ecke.
Der Bergschul-Torwart wirft sich in die Matsche.
Platsch! Aber er kommt nicht an den Ball. Ein
Tor für die Talschule!
Der Torwart der Bergschule ist dreckig und
sauer. Lena jubelt. Die Jungs aus ihrer
Mannschaft zögern einen Moment. Sie hätten
Lena nicht zugetraut, dass sie so cool ein Tor
schießt. Aber schließlich jubeln sie mit. Alle
umarmen sich.
Nun sind noch zwei Minuten zu spielen. Die
Talschüler wollen unbedingt noch ein Tor
schießen. Die Bergschüler aber auch. Sie
stürmen auf Lauras Tor zu. Said stellt sich dem
Stürmer der Bergschule in den Weg. Doch der

umdribbelt ihn einfach. Nun steht er allein vor Lauras Tor. Er schießt und Laura schmeißt sich dem Ball entgegen. Sie landet mitten in der

Matschpfütze. Platsch! Aber den Ball hält sie fest in ihren Händen.

In dem Moment pfeift der Schiedsrichter das Spiel ab. 2:1 für die 2b der Talschule! Die Spieler und Spielerinnen jubeln und umarmen sich. Auch Laura in ihrem Matschtrikot wird umarmt.

„Jetzt sehen wir alle aus wie Schweine", bemerkt Tom.

„Ist doch egal. Hauptsache, wir haben gewonnen", wirft Laura ein.

„Ja, weil du so gut gehalten hast", gibt Tom zu.

„Und weil Lena so ein cooles Tor geschossen hat", ergänzt Said.

Niklas nickt: „Entschuldige, Lena, dass wir dich erst nicht mitspielen lassen wollten. Das war doof von uns."

„Schon okay", lacht Lena.

„Und fürs nächste Mal besorgen wir uns rosa Trikots", lacht Niklas.

„Weil die Mädchen mitspielen?", fragt Tom.

Niklas lacht: „Nein, damit wir wie richtige Schweine aussehen."

Das Pony auf dem Pausenhof

Doppelpass und Tor! Leon und Lars jubeln. Ihr
Zusammenspiel wird immer besser. Sie sind ein
Superteam im Fußball. Schließlich spielen sie
jede Pause zusammen. Und mit Mert haben sie
einen klasse Torwart. Niklas, Tom und Laura aus
der 2b haben keine Chance.
Leon ist wieder am Ball. Lars läuft Richtung Tor.
Jetzt müsste Leon ihm den Ball zuspielen. Der
Ball kommt auch angeflogen. Aber er springt
an Lars vorbei neben das Tor. „Wie schießt du
denn?", ruft Lars Leon zu.
Er dreht sich um und traut seinen Augen nicht.
Hinter ihm steht ein braunes Pony. Es schnaubt
freudig. Fast hätte das Pony ein Tor geschossen.
Die Jungen stehen starr vor Schreck. Wo kommt
denn dieses Pony her?
Inzwischen haben auch die anderen Kinder auf
dem Pausenhof das Pony bemerkt. Neugierig
kommen sie näher. „Oh, wie süß!"
„Was macht denn das Pony hier?"
„Wir müssen es einfangen!"

So rufen die Kinder durcheinander. Sie kommen immer näher. Dem Pony wird das zu eng. Es dreht sich um und trabt in Richtung Schulgarten. Die Kinder laufen hinterher.

Das Pony wird immer schneller. Es bleibt erst stehen, als es im Schulgarten angekommen ist. Dort hat die Garten-AG Gemüse gepflanzt: Salat, Möhren, Radieschen und Tomaten. Der Salat scheint dem Pony besonders gut zu schmecken. Da kommt Frau Winter angelaufen. Sie leitet die Garten-AG. Der Schulgarten liegt ihr sehr am Herzen. „Hau ab!", schreit sie das Pony wütend an. „Lass meinen Salat in Ruhe!"

„Aber das ist doch unser Salat", meint Jule. Sie macht bei der Garten-AG mit.

„Dann meinetwegen unseren Salat! Aber davon ist sowieso fast nichts mehr übrig." Frau Winter ist den Tränen nah. Das Pony dreht sich zu ihr um. Es schnaubt ihr freundlich ins Gesicht. Dabei landen ein paar angekaute Salatstückchen in Frau Winters Haaren.

„Igitt!", kreischt sie. „Wo ist der Hausmeister? Er soll dieses Tier einfangen!" Aber Herr Meier, der Hausmeister, ist weit und breit nicht zu sehen.

„Wenn ich ein Lasso hätte", meint Tom ganz

cool, „dann würde ich es einfangen."

„Du kannst unser Springseil nehmen", bietet Ronja aus der vierten Klasse an.

„Ach nee, das ist ja kein richtiges Lasso", erwidert Tom.

„Du bist ja nur feige", lacht Niklas.

Tom protestiert: „Bin ich gar nicht! Los, gib mir das Seil!"

Er knotet ein Lasso aus dem Seil. Wütend stapft er auf das Pony zu. Er holt aus und wirft das Lasso. Leider fängt er aber nicht das Pony,

sondern Frau Winter.

„Jetzt reicht es aber", kreischt sie wütend. „Ich rufe die Polizei!"

„Aber das ist doch nur Ronny", sagt Nina so leise, dass es kaum jemand hört.

Frau Winter dreht sich um. „Ronny? Du kennst das Tier?"

Nina wird rot. Und spricht noch ein bisschen leiser: „Naja, er gehört zum Mühlenhof. Das ist der Ponyhof, wo ich reiten lerne." Dann wird Nina mutiger: „Soll ich mal versuchen, ihn einzufangen?"

Nach Toms Lassoangriff ist Ronny wieder auf den Pausenhof getrabt. Nervös scharrt er mit den Hufen. Langsam und ruhig geht Nina auf ihn zu. „Hey Ronny, ganz ruhig. Ich bringe dich nach Hause."

Ronny weicht zurück. Aber Nina gibt nicht auf. Schließlich ist sie so nah an dem Pony, dass sie seine Mähne greifen kann. „Gib mir mal das Springseil", ruft sie Tom zu.

Der steht mit hochrotem Kopf am Rand des Schulhofs. Es ist ihm peinlich, dass er Frau Winter mit dem Lasso eingefangen hat. Das gibt bestimmt Ärger!

Tom rafft sich auf und bringt Nina das Seil.
Vorsichtig legt sie es dem Pony um den Hals.
Die Kinder klatschen. Ronny erschreckt sich
und will weglaufen. Aber Nina hält ihn fest. Ihre
Knie zittern ein wenig. Jetzt merkt sie erst, wie
aufgeregt sie ist.

Inzwischen ist Herr Sommer, der Schulleiter, auf
den Pausenhof gekommen. „Was ist denn hier
los?", fragt er kauend. In der Hand hält er ein
angebissenes Butterbrot.

„Nina hat einen wilden Mustang eingefangen",
erklärt Jule stolz.

„Und Tom hat Frau Winter eingefangen", ruft
Niklas frech.

Herr Sommer guckt irritiert. „Ich sehe weder
einen Mustang noch eine gefangene Frau
Winter. Nur ein kleines Shetlandpony. Was
macht das hier in der Schule?"

„Vielleicht will es rechnen lernen", meint Leon.

„Oder Fußball spielen. Es hat fast ein Tor
geschossen", erzählt Mert.

Nun mischt sich Frau Winter ein. Sie hat sich
noch nicht von dem Salat-Lasso-Schock erholt.
„Das Pony hat den Schulgarten verwüstet. Es
muss sofort hier weg", fordert sie.

„Aber Frau Winter", beruhigt sie Herr Sommer,
„so ein Pony ist doch harmlos. Regen Sie sich
doch nicht so auf wegen dem bisschen Salat."
Er geht auf das Pony zu und tätschelt es am
Hals. „Bist doch ein ganz Braver, nicht wahr?"
Da schnappt Ronny sich Herrn Sommers
Pausenbrot. Genüsslich kaut er darauf herum.
Herr Sommer schaut sprachlos in seine
leere Hand. „Aber das ist doch …", will er
losschimpfen.
„… nur ein Pausenbrot", ergänzt Frau Winter

und grinst. „Wir sollten den Mühlenhof anrufen. Dann können sie das Pony abholen."

Herr Sommer meint: „Ja, das finde ich eine gute Idee. Bevor der Vielfraß noch unsere ganze Schule auffuttert! Nina und Kevin, könnt ihr solange auf das Pony aufpassen?"

„Natürlich, Herr Sommer", sagen Nina und Kevin gleichzeitig.

Herr Sommer schmunzelt: „Vielleicht sollten wir mal eine Projektwoche zum Thema ‚Wilder Westen' machen. Damit Tom lernt, besser mit dem Lasso zu zielen."

Alle lachen, und sogar Frau Winter kann schon wieder lächeln.

Herr Wischi im Stress

Frau Matschke ist krank. Mindestens drei
Wochen wird sie fehlen. Die Kinder der 2b
sind traurig. „Wir wollten doch mit ihr unser
Laternenfest feiern", meint Lena.
Ihre Freundin Laura ist den Tränen nahe:
„Meine Laterne ist noch nicht fertig. Ohne Frau
Matschkes Hilfe schaffe ich das nicht."
Die Kinder bekommen einen Vertretungslehrer.
Herr Wischniewski heißt er. Für viele Kinder ist
der Name zu schwierig. Heimlich nennen sie ihn
Herrn Wischi. Der Name passt.
Herr Wischi ist neu an der Schule. Es ist seine
erste Stelle als Lehrer. Und er ist ziemlich
durcheinander. 25 Schüler sind zu viel für
ihn. Zu Tom sagt er Tim. Und Lena und Laura
verwechselt er immer. Dabei ist Lena blond und
Laura braunhaarig.
Am Dienstag kommt Herr Wischi mit einem
ernsten Gesicht in die Klasse: „Nehmt eure
Mathehefte raus. Wir schreiben einen Test."
Die Kinder stöhnen. Herr Wischi holt einen Zettel

aus seiner Tasche. Er beginnt zu lesen: „Mia und Luisa gehen zum Turnen – Punkt. Habt ihr das?"
Tom prustet los: „Aber Herr Wischi …, Herr Wischniewski, Sie wollten doch einen Mathetest schreiben. Und nicht ein Diktat."
„Oh, natürlich. Entschuldigt bitte. Ich bin ein bisschen durcheinander. Meine Frau und ich ziehen gerade um." Herr Wischi holt den Zettel für den Mathetest aus der Tasche. Er schreibt die Aufgaben an die Tafel:

$2 + 7$

$5 - 2$

$10 + 9$

Es ist ein Test für die erste Klasse.
Tom will sich melden, aber Justin stößt ihn an. „Sei still, ist doch super. Das kann ich wenigstens."
Die Kinder rechnen die viel zu leichten Aufgaben. Plötzlich klingelt ein Handy. Herr Wischi wird rot. „Entschuldigung", stammelt er. Ins Handy sagt er: „Ja, bitte?"
„Danke", ruft Lena vorlaut.
Herr Wischi spricht in sein Handy: „Dann musst du das Fenster zumachen." Laura steht auf und schließt das Fenster.

Herr Wischi redet weiter ins Telefon: „Ich brauche mehr rote Farbe." Tom bringt einen roten Filzstift zum Pult.

„Und Klebestreifen zum Abkleben", sagt der Lehrer ins Handy. Niklas findet eine Rolle Tesafilm in seinem Tornister. Er legt sie zu Toms rotem Stift.

„Die Zettel könnt ihr zerreißen", ruft Herr Wischi ungeduldig ins Telefon.

Justin meldet sich: „Sollen wir den Mathetest zerreißen?"

Herr Wischi reagiert nicht. Er telefoniert weiter: „Ich kann mich jetzt nicht darum kümmern. Macht doch, was ihr wollt!"

Die Kinder springen auf. Sie reißen die Seite mit dem Test aus ihren Matheheften und packen ihre Sachen in die Tornister. Die Ersten sind schon aus der Klasse gestürmt.

Herr Wischi beendet sein Telefongespräch.

„Aber … wo wollt ihr denn hin? Die Stunde ist doch noch nicht zu Ende!"

Justin protestiert: „Aber Sie haben doch gesagt…"

Da klingelt die Schulglocke. Justin grinst: „Jetzt ist die Stunde doch zu Ende."

Herr Wischi blickt auf den Haufen

herausgerissener Seiten. Dann wundert er sich über den roten Stift und das Klebeband auf seinem Pult. „Warum machen die Schüler nie, was ich sage?", stammelt er.

„Das stimmt doch gar nicht", beschwert sich Justin. „Wir haben genau das gemacht, was Sie gesagt haben." Dann schnappt er sich sein Pausenbrot und rennt nach draußen.

Erntedank mit Chips

„Gott hält die ganze Welt in seiner Hand",
schallt es durch die Kirche. Die Schüler,
Eltern und Lehrer der Talschule feiern heute
Erntedankgottesdienst. Die meisten Kinder
freuen sich darüber. Denn dafür fällt der
Unterricht aus.
Alle Kinder sollten Obst oder Gemüse
mitbringen. Denn das ist ja der Sinn des
Erntedankfestes: dass man Gott für die Ernte
dankt. Also für Obst und Gemüse und Getreide,
das er wachsen lässt. Die mitgebrachten Äpfel,
Tomaten und Kartoffeln werden nach dem
Gottesdienst an ein Kinderheim verschenkt.
„Was hast du mitgebracht?", fragt Nina ihren
Freund Kevin, der neben ihr sitzt.
„Eine rote und eine gelbe Paprika", antwortet er.
„Die mag ich gerne. Und du?"
„Ich habe Äpfel aus unserm Garten eingepackt.
Dann können die Kinder im Kinderheim vielleicht
Apfelkuchen backen."
Finn hat einen Kürbis in die Kirche geschleppt.

Den hat er aus Omas Garten. Toni hat Tomaten dabei.

„Du hast ja gar kein Gemüse", sagt er zu Milan. „Hast du das vergessen?"

„Natürlich nicht", erwidert Milan. „Ich habe Kartoffeln mitgebracht. Aber in lecker." Und er zieht eine Tüte Chips aus seiner Tasche.

„Wir sollten doch keine Süßigkeiten mitbringen", belehrt ihn Toni.

„Süß sind die auch nicht", entgegnet Milan. „Aber die armen Kinder im Kinderheim können doch nicht nur so gesundes Zeug essen. Die brauchen doch auch was Leckeres!"

Das Lied ist zu Ende. Pfarrer Heinemann tritt ans Mikrofon: „Liebe Kinder, liebe Lehrer, liebe Eltern. Schön, dass ihr alle gekommen seid. Jetzt können die Kinder ihre Gaben nach vorne bringen. Vielen Dank schon mal."

Nun gibt es ein großes Durcheinander. Alle Kinder stehen gleichzeitig auf und drängeln nach vorn. Toni wird von hinten geschubst. Da fällt ihm eine Tomate aus der Hand. Sie klatscht auf den Steinboden.

„Toni hat Tomatensoße mitgebracht", ruft Milan begeistert.

Frau Winter kommt mit einem Papiertuch angelaufen. Sie will die Tomatenmatsche schnell aufwischen, damit die Kinder nicht hindurchlaufen.

Endlich sind alle Gaben am Altartisch aufgebaut. Milan hat seine Chipstüte ein bisschen hinter den Kürbissen versteckt. Sie soll nicht so auffallen.

Pfarrer Heinemann begutachtet das Obst und Gemüse. „Kinder, vielen Dank! Manche haben ja sogar Obst und Gemüse aus dem eigenen Garten mitgebracht. Das finde ich besonders schön. Diese Äpfel hier zum Beispiel." Er hält zwei von Ninas Äpfeln hoch. Nina wird rot. Das ist ihr ein bisschen peinlich. Aber irgendwie freut sie sich auch. Immerhin hat sie die Äpfel selbst gepflückt. Sie hat auch darauf geachtet, dass keine Würmer drin sind.

„Oh, was ist das denn?" Pfarrer Heinemann guckt erstaunt. Dann fischt er Milans Chipstüte hinter den Kürbissen hervor. Er lacht. „Bei wem von euch wachsen denn Chips im Garten?" Milan rutscht unruhig auf der Bank herum. Hoffentlich verrät ihn keiner. Sonst kriegt er noch Ärger. Aber Toni und Finn sagen keinen Mucks.

„Ich finde das gar keine schlechte Idee", meint Pfarrer Heinemann. „Ihr solltet zwar Obst und Gemüse mitbringen. Aber schließlich werden Chips ja aus Kartoffeln gemacht. Und die Kinder im Kinderheim werden sich sicher freuen."

Pfarrer Heinemann geht einen Schritt zurück. Dabei übersieht er aber Finns Kürbis. Er stolpert und fällt hin. Die Kinder lachen.

Pfarrer Heinemann rappelt sich auf. „Ja, lacht nur. Ist ja auch lächerlich, so einen großen Kürbis zu übersehen. Der ist ja wirklich prächtig."

Finn grinst stolz. Er dachte schon, der Pfarrer würde über den Kürbis schimpfen.

Nun winkt Frau Müller ein paar Kinder aus der 4b nach vorn. Sie haben etwas vorbereitet. Sie haben große Kartons mit Sachen bemalt, für die sie Gott dankbar sind.

Jonas fängt an. Er hat Menschen auf seinen Karton gemalt. „Ich danke Gott für meine Familie", sagt er ins Mikrofon.

Nun ist Natascha an der Reihe. Auf ihrem Karton sind Hunde und Katzen zu sehen. „Ich danke Gott für alle Tiere. Vor allem für meinen Hund Wuschel."

Nun spricht Ronja ins Mikrofon: „Ich danke Gott

für die Blumen und die Bäume. Und für die schöne Natur." Ihr Karton ist wunderschön mit Blumen verziert.

Bens Karton sieht aus wie ein Fernseher. „Ich danke Gott für Computer, Fernseher und Playstation. Sonst wär es ganz schön langweilig."

Kevin stupst Nina an: „Kann man Gott denn für die Playstation danken? Die hat er doch gar nicht gemacht. Das waren doch Menschen."

„Ja, aber Gott hat die Menschen schlau gemacht", erwidert Nina. „Sonst könnten sie sowas ja gar nicht bauen."

Als alle Kinder fertig sind, ist vorn eine große, bunte Mauer entstanden. Nun singen alle zusammen „Danke für diesen guten Morgen". Dann geht Jule aus der 1b nach vorn. Sie hat ein Gedicht gelernt:

„Äpfel, Birnen, Blumenranke,
lieber Gott, ich sage danke.
Dank für Möhren und Kartoffeln
und für Schuhe und Pantoffeln.
Danke auch für Hemd und Hosen
und für Tulpen und für Rosen.

Lieber Gott, wir danken dir,
darum sind wir heute hier."

Alle klatschen begeistert. „Ganz schön mutig
von Jule", denkt Nina.
Pfarrer Heinemann ergreift das Wort: „Vielen
Dank für dieses schöne Gesicht, äh Gedicht.
Und jetzt wollen wir nicht nur für die Kinder
klatschen, die etwas aufgeführt haben. Lasst
uns einmal für Gott klatschen. Als Dankeschön
für alles Gute."
„Müssen wir auch für die Schule klatschen?",
fragt Kevin seine Freundin Nina.
„Naja, ohne die Schule wären wir keine
Freunde", antwortet Nina leise.
„Stimmt", sagt Kevin und klatscht noch ein
bisschen lauter.

Hamster-Frühstück

„Tschüss, Mama!"
Bevor seine Mutter ihm einen Kuss geben kann,
rennt Milan auf den Schulhof. Mann, ist das
peinlich. Immer will sie ihn küssen. Er ist doch
kein Baby mehr. Und er hat echt andere Sorgen:
Willi ist verschwunden.
Gestern Abend saß Milans Hamster noch in
seinem Käfig. Ob er das Türchen nicht richtig
zugemacht hat? Heute Morgen war er jedenfalls
verschwunden. Und er konnte ihn nicht mal
richtig suchen.
„Wir müssen los zur Schule!", hat seine Mama
gedrängelt. „Du kannst ihn heute Nachmittag
suchen. Er muss ja irgendwo im Haus sein."
Pah, irgendwo ist gut. Er kann überall sein. Der
ganze Keller ist voller Gerümpel. Wie soll er ihn
da finden? Milan merkt, dass ihm die Tränen
kommen. Schnell wischt er sie weg. Küsse von
Müttern sind schon peinlich. Aber Heulen auf
dem Schulhof ist oberpeinlich. Finn und Toni
gucken schon komisch.

Endlich klingelt es. Milan läuft ins Klassenzimmer. Er setzt sich auf seinen Platz neben Tarik.

„Hallo", sagt Tarik. „Was ist los?"

Milan antwortet traurig: „Willi ist verschwunden. Und er ist doch so klein. Vielleicht finde ich ihn nie wieder!"

Tarik kann mit Tieren nichts anfangen. Was findet Milan an diesem Hamster so toll? Aber das sagt er lieber nicht. Er will seinen Freund nicht ärgern. „Der kommt bestimmt wieder. Hat nur einen kleinen Ausflug gemacht. Vielleicht war ihm zu langweilig im Käfig."

Frau Winter läutet ihre Glocke. Allmählich werden die Kinder leiser. Der Unterricht beginnt. Aber Milan passt nicht auf. Er denkt an Willi.

„Liest du weiter, Milan?", hört er plötzlich. In der Klasse ist es still.

Milan schaut auf. Weiterlesen! Er starrt in sein Lesebuch und beginnt: „Der Kran baut das Hamster …"

Die Kinder kichern. Frau Winter räuspert sich: „Versuch es noch einmal, Milan. Was steht da genau?"

„Ah, Haus! Haus steht da", stottert Milan.

„Das stimmt. Aber wir waren schon eine Seite weiter. Wo bist du mit deinen Gedanken? Etwa bei deinem Hamster?"

Alle lachen. Milan wird rot. „Entschuldigung", stammelt er.

Als Nächstes ist Toni mit Lesen dran. Er macht alles richtig. Wie immer.

Endlich ist die Deutschstunde zu Ende. Die Kinder dürfen frühstücken. Erleichtert holt Milan seine Brotdose aus dem Tornister. Hoffentlich gibt es Stuten und nicht das blöde Körnerbrot. Mama findet das gesund. Dann will er lieber krank sein.

Milan öffnet seine Dose. Das Brot springt ihm entgegen. Ein Brot mit vier Beinen und zwei Ohren. „Willi!", schreit Milan begeistert.

Willi ist aber nicht begeistert. Hamster schlafen am Tag. Und werden nicht gern geweckt. Willi springt auf den Boden und rennt nach vorn zur Tafel. Milan rennt hinterher. Und Tarik. Und Toni. Und Finn. Und alle anderen Kinder.

„Was ist denn jetzt los?", ruft Frau Winter. Da entdeckt sie Willi. Er rennt auf sie zu.

„Hilfe, eine Maus!", kreischt Frau Winter. Schnell springt sie auf das Pult.

Ihr Kreischen macht Willi noch wilder. Er dreht sich um und läuft nach hinten. Milan rennt hinterher. Und Tarik. Und Toni. Und Finn. Und alle anderen Kinder.

Aber keiner kann ihn einfangen. Willi rettet sich unter ein Regal. Da ist nur ein kleiner Schlitz. Milans Arm passt nicht da rein.

„Tut doch was!", schreit Frau Winter. „Toni, hol sofort Herrn Meier!" Herr Meier ist der Hausmeister. Er hat für alles eine Lösung. Toni rennt los.

Drei Minuten später ist Herr Meier da. „Kein Problem, kein Problem", sagt er. „Wo ist die Maus?" In der Hand hält er eine große Schaufel. Milan ist starr vor Schreck. Tarik schreit: „Das ist keine Maus. Das ist ein Haus. Nein, ein Hamster!"

„Ja, was denn nun?" Herr Meier schaut ratlos zu Frau Winter. Die steht immer noch auf dem Pult. Sie ist ganz weiß im Gesicht.

„Maus oder Hamster. Ist doch egal. Das Vieh muss hier raus!", ruft sie.

„Aber das ist doch mein Willi", schnieft Milan. Er schaut auf die Schaufel. „Sie dürfen ihn nicht töten."

194

„Kein Problem, kein Problem", sagt Herr Meier. „Aber seit wann dürft ihr eure Haustiere mitbringen?"

„Ich hab ihn nicht mitgebracht", erklärt Milan. „Er hat sich selbst mitgebracht. In meiner Brotdose."

Herr Meier lacht. „Dann ist da bestimmt was Leckeres drin. Damit können wir ihn einfangen."

Milan holt seine Dose. Darin liegt ein angebissenes Körnerbrot. Es hat Willi wohl geschmeckt. Obwohl es gesund ist. Oder vielleicht gerade, weil es gesund ist?

Milan stellt die Brotdose offen vor das Regal. Hoffentlich riecht Willi das Körnerbrot.

„Das ist gut", sagt Herr Meier. „Jetzt gehen alle mal raus außer mir und dem Hamster-Chef."

Frau Winter klettert vom Pult herunter. Besorgt schaut sie zum Regal. Als wäre eine giftige Schlange darunter. „Kommt schnell raus hier, Kinder!"

Jetzt sind nur noch Milan und Herr Meier in der Klasse. Und Willi. Herr Meier lacht: „Ganz schön ängstlich, die Frau Winter. Ist wohl ein gefährlicher Kampf-Hamster, dein Willi."

Vorsichtig schaut der kleine Kampf-Hamster unter dem Regal hervor. Er schnuppert. Hm,

Körnerbrot. Das riecht gut. Er klettert in die Dose.

Schnell macht Milan den Deckel zu. „Gerettet!", jubelt er.

„Wer ist gerettet? Dein Hamster oder Frau Winter?", fragt Herr Meier. Da müssen beide lachen.

328 Treppenstufen

Hurra! Die Klasse 2b macht einen Ausflug. Mit
Rucksäcken bepackt stehen die Kinder auf dem
Schulhof. Sie warten.
Auf Herrn Wischi, der eigentlich Herr
Wischniewski heißt. Herr Wischi und Frau
Matschke kommen mit zum Ausflug. Frau
Matschke ist die Klassenlehrerin der 2b. Sie ist
auch schon da. Aber Herr Wischi fehlt.
Endlich kommt er auf den Schulhof gerannt.
„Entschuldigung!", ruft er.
„Wo waren Sie denn?", fragt Frau Matschke.
„Sind Sie nicht aus dem Bett gekommen?"
„Doch, aus dem Bett schon", erklärt Herr
Wischi. „Aber nicht aus dem Bus. Ich habe
ein spannendes Buch gelesen. Und dabei
ganz vergessen, an der richtigen Haltestelle
auszusteigen."
Die Kinder der 2b kichern. Typisch Herr Wischi.
Dem passiert aber auch immer so was.
Nun sind alle vollzählig. Es geht los. Die 2b
fährt nach Wilhelmsburg. Dort wollen sie sich

den Dom ansehen. Ein Dom ist eine sehr große Kirche. Im Religionsunterricht haben sie in den letzten Wochen über Kirchen gesprochen. Und diese besondere Kirche wollen sie sich nun anschauen.

Vor der Schule wartet schon ein Reisebus. Er bringt die Kinder nach Wilhelmsburg. Auf der Fahrt packt Lena zuerst ihre Brotdose aus.

„Hast du nicht gefrühstückt?", fragt ihre Freundin Laura.

„Doch", erwidert Lena. „Aber ich habe schon wieder Hunger."

„Du denkst immer nur ans Essen", beschwert sich Laura.

„Das stimmt nicht. Ich denke immer nur an dich", sagt Lena zu ihrer Freundin. „Guck mal! Ich hab dir einen Schokoriegel mitgebracht."

„Oh, danke", ruft Laura. Sie isst den Schokoriegel schneller auf als Lena gucken kann.

Schon bald ist der Bus in Wilhelmsburg angekommen. Die Kinder steigen aus. Sie stehen direkt vor dem Dom.

„Mann, ist der riesig!", staunt Justin. „Viel größer als unsere Kirche zu Hause."

„Ich hoffe, wir dürfen auch auf den Turm", meint Tom. „Von da oben hat man bestimmt eine coole Aussicht."

„Ja, auf den Turm gehen wir auch", erklärt Frau Matschke. „Aber zuerst einmal sehen wir uns die Kirche von innen an."

Frau Matschke geht vor und öffnet die schwere Eingangstür. Die Kinder folgen ihr. Im Dom bleiben die Kinder staunend stehen.

„Hier drin ist der ja noch viel cooler als draußen", ruft Justin begeistert.

„Psst, nicht so laut", zischt Frau Matschke. „Wir sind doch in einer Kirche. Da muss man leise sein."

„Ganz so streng sind wir nicht", sagt da eine schwarzhaarige Frau. Sie kommt auf die Schulklasse zu und stellt sich vor: „Hallo, ich bin Frau Schwarz. Ich will euch ein bisschen über den Dom erzählen. Natürlich ist es vor allem eine Kirche. Und viele Leute kommen zum Beten her. Deshalb soll man nicht so laut sein. Aber wenn sich jemand über den Dom freut, ist das schon okay." Sie lächelt Justin an.

Frau Schwarz erzählt, dass der Dom schon 800 Jahre alt ist. Und dass es über hundert Jahre gedauert hat, bis er fertig war. Dann zeigt Frau Schwarz den Kindern einige bunte Glasfenster.

„Diese Fenster passen zu den Geschichten in der Bibel. Hier wird das Leben von Jesus nacherzählt." Sie zeigt auf ein Fenster, auf dem ein Baby zu sehen ist. „Seht mal, das ist die Weihnachtsgeschichte."

„Ja, Weihnachten ist Jesus geboren", weiß Laura.

„Und hier sind Bilder von dem erwachsenen Jesus." Frau Schwarz zeigt auf ein großes buntes Glasfenster.

„Aber da sind auch Kinder drauf", meint Lena. „Und ein Mann. Ist das Jesus?"

„Ja, der Mann ist Jesus", erklärt Frau Schwarz. „Und die Kinder wollten gern zu ihm. Aber die Freunde von Jesus wollten die Kinder wegschicken. Sie sollten Jesus nicht stören. Wisst ihr, was Jesus dann gesagt hat?", fragt Frau Schwarz.

Niklas meldet sich: „Lasst die Kinder zu mir kommen – das hat Jesus gesagt."

Frau Schwarz staunt: „Stimmt genau. Woher weißt du das?"

„Die Geschichte kenne ich aus meiner

Kinderbibel. Da ist aber ein anderes Bild drin",
erzählt Niklas.

„Ja, es gibt viele Bilder zu dieser Geschichte. Ich
finde sie sehr schön. Jesus schickt die Kinder
nicht weg. Er will sie in seiner Nähe haben.
Denn Jesus hat die Kinder sehr lieb." Frau
Schwarz lächelt. „Und jetzt gehen wir auf den
Turm. Da braucht ihr aber viel Kraft. Es sind 328
Stufen."

Lena stöhnt: „Das schaff ich nicht. Da muss ich
vorher was essen."

„Quatsch!", meint Laura. „Das schaffst du schon.
Notfalls schiebe ich dich hoch."

Frau Matschke nimmt Herrn Wischi zur Seite:
„Ich habe Schmerzen im Knie. Die Treppen sind
zu viel für mich. Gehen Sie doch mit den Kindern
und Frau Schwarz nach oben. Ich warte hier."
Herr Wischi schluckt. „Dasselbe wollte ich Ihnen
gerade vorschlagen", meint er.

„Ich bitte Sie. Stellen Sie sich nicht so an. Sie
sind doch Sportlehrer, oder?", erwidert Frau
Matschke.

„Schon gut", lenkt Herr Wischi ein. „Ich geh ja
schon mit."

Er muss sich beeilen, um den Kindern

nachzukommen. Sie sind schon auf den steilen Treppen.

Niklas zählt: „85, 86, 87..."

Endlich sind sie oben angekommen. Der Ausblick ist toll. Man kann die ganze Stadt sehen. Und die Felder drumherum.

Tom zeigt auf eine Straße: „Guckt mal, da hinten ist die Autobahn."

Und Justin entdeckt einen Fluss: „Man kann sogar Schiffe sehen. Das muss ich Herrn Wischi zeigen."

Suchend dreht Justin sich um. „Wo ist denn Herr Wischi?"

Die anderen Kinder suchen mit. Irgendwo muss er doch sein. Er ist doch mit ihnen hinaufgestiegen.

„Da ist er", ruft Niklas. Er zeigt auf die Treppe. Auf der vorletzten Stufe steht Herr Wischi. Krampfhaft hält er sich am Geländer fest. Er ist ganz weiß im Gesicht.

„Herr Wischi, äh, Herr Wischniewski! Was ist denn los?", fragt Niklas.

„Ich habe Höhenangst", sagt Herr Wischi kläglich.

Nun hat auch Frau Schwarz den Lehrer

entdeckt. Sie will die Schüler ablenken: „Kinder, geht mal zur Seite. Hier gibt es nichts zu sehen. Schaut euch lieber die schöne Aussicht an."

„Lassen Sie die Kinder ruhig zu mir kommen", ruft plötzlich Herr Wischi.

„Das hat Jesus auch gesagt", bemerkt Niklas.

„Jesus, wir kommen!", ruft Tom. Lachend laufen die Kinder zu ihrem Lehrer. Sie begleiten ihn die 328 Treppenstufen sicher hinunter.

Sankt Martin verirrt sich

„Sankt Martin, Sankt Martin …", schallt es durch die dunkle Kirche. Nur die Laternen der Kinder leuchten. Pfarrer Heinemann begleitet den Gesang mit seiner Gitarre. Die Kinder singen kräftig mit, die Eltern etwas weniger kräftig. Viele von ihnen kennen den Text nicht so genau. Laura stößt ihren Papa an: „Sing doch mit!"
„Ich hab so ein Kratzen im Hals", flüstert ihr Papa. Und wie zur Bestätigung hustet er zweimal.
„Als du gestern das Fußballspiel geguckt hast, hattest du aber kein Kratzen im Hals", bemerkt Laura. „Da konntest du ganz laut herumschreien. Ich hab es bis in mein Zimmer gehört."
„Vielleicht habe ich deswegen jetzt dieses Kratzen", erwidert Lauras Papa grinsend.
Das Lied ist zu Ende. Nun führen die Kinder der vierten Klasse das Martinsspiel auf. Jonas ist Sankt Martin. Er hat sich eine rote Decke umgebunden und reitet auf einem Steckenpferd. Ronja spielt den Bettler. Sie sitzt zitternd auf

dem Boden. Sie hat sich ein altes, zerrissenes
T-Shirt angezogen. Damit braucht sie nicht so zu
tun, als ob sie friert. Sie friert wirklich.

Als Jonas in ihre Nähe kommt, ruft Ronja:
„Hoher Herr, bitte helfen Sie mir! Mir ist so kalt."
Jonas reitet noch ein bisschen näher. Er zieht
sein Schwert und will die rote Decke durchteilen.
Aber die Klettverschlüsse, die die beiden Teile
zusammenhalten, haften zu fest aneinander.

Jonas wird rot. Fast so rot wie seine Decke.
„Scheiße!", ruft er laut. Die Kinder lachen. Ein
heiliger Martin, der „Scheiße" sagt? Das gab's ja
noch nie.

Pfarrer Heinemann eilt Jonas zu Hilfe.
Gemeinsam ziehen und zerren sie an der Decke.
Endlich reißen die beiden Teile auseinander.
Allerdings hat Pfarrer Heinemann ein bisschen
zu fest gezogen. Er hat so viel Schwung, dass er
mit dem halben Martinsmantel auf seinem Popo
landet.

Jetzt sind die Kinder nicht mehr zu halten.
Lautes Gelächter schallt durch die Kirche.
„Psst", zischt Herr Sommer, der Schulleiter.
Jonas' Gesicht ist mittlerweile röter als sein
Mantel. Mann, ist das peinlich. Schnell drückt er

Bettler Ronja die halbe Decke in die Hand.
Ronja freut sich ehrlich. Sie wickelt sich die
halbe Decke um die Schultern. Endlich ist ihr
nicht mehr so kalt. „Danke, hoher Herr", sagt sie
mit extra tiefer Stimme.
Jonas verschwindet so schnell wie möglich
von der Bühne. Pfarrer Heinemann stimmt ein
weiteres Lied an: „Laterne, Laterne, Sonne,
Mond und Sterne."
Nach dem Lied drängeln alle nach draußen.
Da wartet schon der richtige Sankt Martin auf
seinem Pferd. Es ist allerdings eine Sankt
Martina.
Laura ist enttäuscht: „Gibt es denn keine
Männer, die reiten können?"
Ihre Freundin Lena meint: „Doch, schon, aber
nicht so viele. Ist doch egal. Hauptsache, das
Pferd ist schön. Komm, wir gehen mal näher
ran."
Aber da setzt sich der Martinszug schon
in Bewegung. Zuerst geht es an der
Kirche vorbei, dann biegen alle links in
das Mühlhauser Wäldchen ein. Hier gibt
es keine Straßenlaternen. Nur die selbst
gebastelten Martinslaternen der Kinder sind

zu sehen. Lauras Laterne ist eine große
Kugel mit leuchtenden Sternen. Lena hat eine
Bienenlaterne gebastelt.
Gerade werden sie von Tom überholt. Er hat
eine Spiderman-Laterne. Die ist allerdings
nicht gut gelungen. Sie sieht eher aus wie ein
unförmiger, blau-roter Fußball.
„Lasst mich mal vorbei, ihr lahmen Enten", ruft
Tom Lena und Laura zu.
„Besser lahme Enten als rollender Spiderman",
kontert Lena. „Oder was soll deine Laterne
darstellen?"
„Kann ja nicht jeder so ein Bastelkönig sein wie
du, Biene Maja", erwidert Tom.
„Jetzt hört doch auf", mischt sich Lauras
Papa ein. „Das ist doch hier kein
Schönheitswettbewerb für Martinslaternen. Habt
ihr nicht verstanden, worum es beim Martinsfest
geht?"
„Ums Teilen, ich weiß, Papa", antwortet Laura.
„Aber Tom ist immer so nervig."
„Und mit nervigen Leuten soll man nicht teilen?",
fragt ihr Vater. „Und auch nicht nett zu ihnen
sein?"
„Doch, schon", gibt Laura zu. „Aber bei Tom ist

das wirklich nicht einfach."

Der Wald wird immer dichter. Und es wird immer unheimlicher. Denn inzwischen ist es richtig dunkel geworden.

„Müssten wir nicht bald aus dem Wald heraus sein?", fragt Lena. „Da links müsste doch schon bald die Schule sein."

Aber der Martinszug biegt nicht links ab, sondern rechts.

„Hm, das ist wirklich komisch", meint Lenas Mama.

„Ich hätte auch gedacht, dass wir hier links müssen", stimmt Lauras Papa zu. „Vielleicht hat sich Herr Sommer noch eine besondere Überraschung ausgedacht."

Und tatsächlich. Es gibt eine Überraschung. Die hat sich aber nicht Herr Sommer ausgedacht. Der ist nämlich genauso überrascht wie alle anderen, als der Martinszug vor der Müllkippe anhält.

„Wo wollen Sie denn hin?", fragt er Sankt Martina auf ihrem Pferd.

„Ich dachte, es geht hier lang zur Schule. Ich habe mich wohl verritten", erklärt die Reiterin geknickt.

„Na ja, irgendwie passt es ja zur Martinsgeschichte. Martin kam bestimmt auch an düsteren und stinkenden Orten vorbei", beschwichtigt Herr Sommer. „Aber auf dem Schulhof warten schon die Lehrer mit Glühwein, Würstchen und Martinsbrezeln. Lassen Sie uns umkehren. Sonst essen die noch alles alleine auf."

Sankt Martina bahnt sich einen Weg zurück durch die Kinder mit ihren Laternen. Zum Glück ist ihr Pferd ganz ruhig und gelassen.

Alle Kinder und ihre Eltern drehen um und gehen ein Stück zurück. „Immerhin sind wir jetzt wieder vor Tom", bemerkt Laura.

„Wie heißt es in der Bibel so schön: Die Ersten werden die Letzten sein", ergänzt ihr Vater.

Eine Viertelstunde später erreichen sie endlich die Schule. Hier wartet schon ein großes Lagerfeuer. Es riecht nach Würstchen und Glühwein.

Herr Sommer freut sich: „Wir haben es geschafft. Jetzt habe ich aber Hunger." Er geht zum Grill, hinter dem Frau Wieland steht. „Haben Sie ein leckeres Würstchen für mich?"

„Ja, warum kommen Sie denn so spät?

Die Würstchen sind schon fast verbrannt." Sie gibt dem Schulleiter ein Würstchen im Brötchen. „Ketchup dazu?"

„Oh ja, gern." Herr Sommer greift hastig nach dem Brötchen. Leider etwas zu hastig. Flutsch – und das Würstchen landet auf dem Boden.

„Das darf doch nicht wahr sein", schimpft Herr Sommer.

„Warten Sie. Ich gebe Ihnen ein neues Würstchen", sagt Frau Wieland. Herr Sommer hält sein Brötchen hin. Frau Wieland legt ein neues Würstchen hinein und tut etwas Ketchup darauf.

Herr Sommer beißt gierig in die Wurst. „Hm, lecker", mampft er.

„Mit vollem Mund spricht man nicht", ruft Tom frech. Er steht hinter Herrn Sommer in der Schlange.

„Und mit leerem Mund sollte man vorher überlegen, was man sagt", entgegnet Herr Sommer. „,Lecker' darf man nämlich auch mit vollem Mund sagen. Steht in der Schulordnung."

Tom schaut Herrn Sommer skeptisch an: „Wirklich?"

Laura und Lena haben mitgehört. Sie kichern.

„Der glaubt auch alles!"
Noch lange bleiben Kinder, Eltern und Lehrer
auf dem Schulhof. Sie trinken Kakao oder
Glühwein. Und sie essen Würstchen und
Martinsbrezeln.
Auf dem Heimweg kuschelt sich Laura an ihren
Papa. „Sankt Martin ist so schön!"
„Ja, finde ich auch", sagt ihr Vater. „Ich hatte ja
schon Sorge, dass ich auf der Müllkippe mein
Würstchen essen muss. Aber Sankt Martin hat ja
noch den richtigen Weg gefunden."
„Sankt Martina", verbessert ihn Laura.

Klorollenverstopfung

Heute kommt Frau Winter nicht allein in die Klasse 1a. Ein Junge ist bei ihr. Er hat rote Haare und Sommersprossen. Nett sieht er aus. Aber auch ein bisschen ängstlich.

„Kinder, hört mal zu", ruft Frau Winter. „Das ist Sven. Er ist gerade mit seiner Familie hierher gezogen. Ihr wisst ja noch, wie schwer es für manche von euch am Anfang war. Da war alles noch neu und unbekannt. Bitte helft Sven, sich gut einzuleben."

Sie wendet sich Sven zu: „Setz dich da vorn hin. Neben Tarik ist noch ein Platz frei."

Sven nickt und geht zu dem freien Platz neben Tarik. Er nimmt seinen Tornister ab und will sich hinsetzen. Dabei übersieht er, dass der Stuhl zur Seite gerutscht ist. Sven landet unsanft mit seinem Po auf dem Fußboden.

Alle lachen. Sven wird rot. Jetzt hat sein Gesicht dieselbe Farbe wie seine Haare.

„Hört auf zu lachen", sagt Frau Winter. „Das kann jedem passieren."

Tarik stößt Sven mit dem Ellenbogen an: „Bring
morgen lieber deinen Fahrradhelm mit."
„Wieso?", fragt Sven zurück. „Ist morgen
Fahrradprüfung?"
„Nein. Falls dir das morgen wieder passiert.
Dann ist dein Kopf geschützt", erklärt Tarik.
„Aber ich bin doch auf den Po gefallen. Da
brauche ich eher einen Po-Helm."
In der Frühstückspause holen alle ihre
Brotdosen und Trinkflaschen aus dem Tornister.
Sven hat eine Trinkflasche mit Dinos.

„Coole Flasche", bemerkt Tarik freundlich.

„Sieht so aus wie meine", meint Milan. „Nur sind bei mir Löwen drauf."

„Uaah, ich bin ein gefährlicher Dino!", ruft Sven und fuchtelt vor Tariks Nase mit seiner Flasche herum. Das hätte er besser nicht getan. Denn plötzlich geht der Deckel auf und seine Apfelschorle spritzt heraus. Tariks Honigbrot ist ebenso nass wie Svens Käseschnitte.

„Mensch, pass doch auf!", meckert Tarik. „Mein schönes Honigbrot!"

„Tut mir leid." Sven ist die Sache furchtbar peinlich. „Ich bring dir morgen einen Schokoriegel mit, okay?"

„Na gut", lenkt Tarik ein. „Da vorn am Waschbecken gibt es Papiertücher. Komm, wir holen welche und trocknen den Tisch ab."

Nach der Frühstückspause muss Sven aufs Klo.

„Weißt du denn, wo hier die Toilette ist?", fragt Frau Winter.

„Nein, keine Ahnung."

„Tarik, dann geh du bitte mit Sven und zeig sie ihm."

„Okay", sagt Tarik. „Trifft sich gut. Ich muss nämlich auch."

Die beiden Jungs gehen zu den Toiletten im Keller. Ein bisschen unheimlich ist es hier schon. Und riechen tut es auch nicht gerade gut. Sven ist froh, dass Tarik mitgekommen ist. Dummerweise ist auf seiner Toilette die Klorolle leer. Aber auf der Fensterbank hinter der Toilette steht noch eine neue. Sven angelt nach der Klorolle. Er kommt nicht dran. Also klettert er aufs Klo. Nun erreicht er die Rolle. Aber sie flutscht ihm aus der Hand und landet direkt im Klo.

„Mist!", ruft Sven.

„Was ist los?", fragt Tarik.

„Mir ist die Klorolle in die Toilette gefallen."

„Dann hol sie doch wieder raus."

„Ih, das ist doch voll eklig!"

Tarik klopft an Svens Klotür. „Mach auf. Lass mich mal sehen."

Tarik guckt sich das Problem an. Dann drückt er auf die Klospülung.

„Spinnst du?", fragt Sven. „Die passt doch im Leben nicht da durch." Er hat recht: Die Klorolle steckt in der Toilette fest. Sie bewegt sich keinen Zentimeter.

„Wir müssen den Hausmeister holen",

entscheidet Tarik. „Herr Meier weiß für jedes
Problem eine Lösung."
Tarik läuft los. Sven passt auf die Klorolle auf.
Endlich kommt Tarik mit Herrn Meier zurück.
„Kein Problem, kein Problem", sagt Herr Meier
freundlich. Er schaut sich die Klorolle an.
„Gut getroffen, Junge! Das schafft nicht jeder."
Er kratzt sich am Kinn. „Muss mal eben was

218

holen. Bin gleich wieder da. Kein Problem, kein Problem."

Wenige Minuten später kommt Herr Meier mit einer großen Zange wieder. Damit sammelt er sonst Papierschnipsel auf dem Schulhof auf. Manchmal müssen das auch Schüler machen, wenn sie etwas angestellt haben.

Außerdem hat der Hausmeister noch eine Mülltüte mitgebracht. Mit der Zange greift er nach der Klorolle und fischt sie aus der Toilette. Dann steckt er sie in die Mülltüte. „So, das hätten wir!", sagt er zufrieden. „Und ihr geht jetzt mal wieder zurück in eure Klasse. Sonst denkt eure Lehrerin noch, ihr wärt ins Klo gefallen."

Als Tarik und Sven in die Klasse zurückkommen, ist Frau Winter ganz aufgeregt. „Wo kommt ihr denn jetzt her?"

„Vom Klo", sagt Tarik cool. „Hat etwas länger gedauert. Wir hatten eine Klorollenverstopfung."

„Ja, aber der Hausmeister hat uns geholfen", ergänzt Sven.

„Mit eurer Verstopfung?", fragt Milan.

„Nein, mit der Klorolle", lacht Tarik.

Goliat wird umgeklatscht

„Wer kennt eine Geschichte aus der Bibel?",
fragt Frau Müller. Die 4b hat Religionsunterricht.
Jonas meldet sich. Frau Müller nickt ihm zu:
„Welche Geschichte kennst du, Jonas?"
„Die Geschichte von Noah und der Arche.
Und wie Jesus gestorben ist. Und natürlich
die Weihnachtsgeschichte. Als Jesus im Stall
geboren ist. Und …"
Frau Müller unterbricht ihn: „Das ist ja schon
eine Menge. Aber lass die anderen Kinder auch
zu Wort kommen. Ben?"
„Ich kenne die Geschichte von David und Goliat",
sagt Ben.
„Ja, die kenne ich auch", ruft Silas. „Cool, wie
David den Goliat voll umklatscht!"
„Kennst du noch eine andere Bibelgeschichte,
Silas? Vielleicht eine ohne Umklatschen?", fragt
die Lehrerin.
„Ja, klar", erzählt Silas begeistert. „Da gibt
es noch die Story, als Abraham seinen Sohn
umbringen soll."

„Hat er aber nicht", fällt ihm Ronja ins Wort.
„Da kam doch eine Kuh vorbei. Die hat er dann getötet."
„Du bist 'ne Kuh, eine blöde Kuh", ruft Silas.
„Das war ein Widder."
„Silas, bitte! So wollen wir nicht miteinander reden", schimpft Frau Müller.
„Wir schon", erwidert Silas frech. „Nur Sie wollen das nicht."
„Aber du willst doch auch nicht als Ochse beschimpft werden, oder?", fragt die Lehrerin.
„Ach, das ist mir egal", antwortet Silas betont cool.
Frau Müller wechselt das Thema: „Wir wollen heute mal eine Geschichte aus der Bibel nachspielen. Jede Tischgruppe darf sich eine Geschichte aussuchen. Ich habe ein paar Kinderbibeln mitgebracht. Da könnt ihr die Geschichten noch mal nachlesen."
„Wir nehmen Goliat", bestimmt Ben. Zu seiner Tischgruppe gehören noch Jonas, Silas, Ronja und Maria. Silas ist sofort einverstanden.
„Ich fände aber Noah besser", meint Jonas.
„Ja, dann kann Ronja eine Kuh spielen", lacht Silas.

„Blödmann!", zischt Ronja ihm zu.

„So wollen wir aber nicht miteinander sprechen", macht Silas Frau Müller nach.

„Hör doch auf, Silas", beschwert sich Jonas. „Sonst werden wir nie fertig."

„Also, die Noah-Geschichte ist viel zu kompliziert", bemerkt Ben. „Wie sollen wir das mit den vielen Tieren denn nachspielen?"

„Wir könnten doch Tiere basteln", schlägt Maria vor.

„Basteln ist Mädchenkram", meckert Silas.

Frau Müller kommt an den Tisch: „Was ist denn hier los? Warum streitet ihr euch? Könnt ihr euch nicht auf eine Geschichte einigen?"

„Ich hab ja Goliat vorgeschlagen, aber Jonas will lieber den Noah spielen", erklärt Ben.

„Na gut, dann nehmen wir eben David und Goliat", gibt Jonas nach. „Einverstanden?", fragt er in die Runde. Alle nicken.

Zusammen lesen sie die Geschichte in der Kinderbibel. Dann verteilen sie die Rollen: Ben ist der Größte von ihnen. Er darf den Riesen Goliat spielen. Silas möchte David sein. Jonas will König Saul spielen. Maria und Ronja sind Soldaten.

Leider haben sie keine Zeit, eine Rüstung oder

Waffen zu basteln. Ein großes Lineal dient als Schwert für Goliat. Davids Steinschleuder ist ein dickes Gummiband. Ein Radiergummi ist der Stein. Aber natürlich soll Silas nicht wirklich schießen. Er soll nur so tun.

Endlich ist ihre Gruppe mit Vorspielen dran. Ben stellt sich vorn auf einen Stuhl und ruft mit lauter Stimme: „Ich bin Goliat, der gefährliche Philister. Wer von euch Schwächlingen will gegen mich kämpfen?"

Jonas hat sich Ronjas rote Jacke wie einen Königsmantel umgelegt. „Soldaten, ich brauche einen mutigen Mann!"

„Das schaffen wir nie", sagt Soldatin Maria.

„Sie werden uns vernichten", ruft Hauptmann Ronja.

„Ich könnte doch mit Goliat kämpfen", schlägt Silas als David vor.

Jonas als König Saul ist skeptisch: „Du hast ja nicht mal die Ausrüstung eines Soldaten. Und du bist doch viel zu klein."

„Aber mit meiner Steinschleuder habe ich schon mal einen Bären getötet", erwidert David.

„Na gut, wenn du unbedingt willst", gibt König Saul nach.

David nimmt seine Steinschleuder und stellt sich vor Goliat auf.

„Was willst du denn, du Winzling?", donnert dieser.

„Wart's nur ab, ich klatsch dich um", ruft David. Er nimmt seine Steinschleuder und schießt.

Silas hat mit dem Radiergummi extra neben Ben auf die Tafel gezielt. Aber der Radiergummi prallt von der Tafel ab. Er trifft Goliat-Ben am Hinterkopf. Vor Schreck fällt der von seinem Stuhl.

Frau Müller schreit auf. Ben liegt auf dem Boden. Er hat sich ziemlich erschrocken. Aber wehgetan hat er sich nicht. Und lachen kann er auch noch: „Sie wollten doch, dass wir die Geschichte nachspielen. Und Goliat wird eben umgeklatscht."

Dino-Überraschung

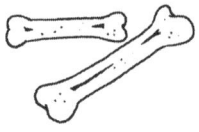

Heute fährt die Klasse 1b ins Naturkunde-
museum.
Dort gibt es Dino-Skelette, ausgestopfte Tiere
und einen riesigen nachgebauten Wal. Das
hat Frau Wieland den Kindern schon verraten.
Außer ihr kommt noch Herr Wischniewski mit.
Zum Naturkundemuseum fahren sie mit der
Straßenbahn. Dann steigen sie um in den Zug.
Für Jule ist es die erste Zugfahrt ihres Lebens.
„Du bist echt noch nie Zug gefahren?", fragt
Nina erstaunt. Sie war schon oft mit dem Zug in
Berlin. Dort wohnt ihre Oma.
„Nein, wirklich nicht", beteuert Jule. „Wir fahren
überall mit dem Auto hin. Nur letztes Jahr nach
Spanien sind wir geflogen."
„Geflogen bin ich noch nie", meint Nina. „Das
würde ich auch gern mal erleben. Aber wir
machen immer Urlaub an der Nordsee. Da lohnt
sich Fliegen nicht."
„Fliegen ist schon cool", meint Jule. „Aber
Zugfahren gefällt mir auch gut."

Endlich sind sie da. Am Bahnhof von Neustadt steigen sie aus. Von hier aus sind es nur noch ein paar Minuten zu Fuß.

„Stellt euch bitte zu zweit auf", ruft Frau Wieland. „Damit ich sehen kann, ob wir vollzählig sind."

Die Lehrerin zählt durch. „24, 25 – alle da!", ruft sie.

„Aber Herr Wischi, äh, Wischniewski fehlt!", ruft Leon.

Frau Wieland blickt sich um: „Im Zug hat er doch neben mir gesessen. Hat er vergessen auszusteigen?"

Leon grinst: „Das ist ihm schon mal passiert. Das haben mir Kinder aus der zweiten Klasse erzählt. Er ist im Bus eine Haltestelle zu weit gefahren, weil er ein spannendes Buch gelesen hat."

„Aber im Zug hat er doch gar nicht gelesen", erinnert sich Frau Wieland. Sie holt ihr Handy aus der Tasche. „Ich rufe ihn mal an."

In diesem Moment nähert sich ihnen ein Tyrannosaurus Rex. „Huaaah", macht er. Einige Kinder kreischen, die meisten müssen aber lachen.

Er ist nicht gerade täuschend echt, der Tyranno.
Eher sieht er aus wie ein grüner Schlafanzug mit
Dino-Maske.
Frau Wieland packt ihr Handy ein: „Herr
Wischniewski, bitte! Was soll der Quatsch? Ich
habe mir schon Sorgen gemacht."
Der Tyranno nimmt seinen Kopf ab. Darunter
erscheint das Gesicht von Herrn Wischi. „Das
ist Erlebnispädagogik. Ich wollte die Kinder
lebensnah auf den Besuch im Museum
vorbereiten."
„Sehr lebensnah", sagt Frau Wieland spöttisch.
„Sie sollten wissen, dass der Tyrannosaurus Rex

10 bis 14 Meter lang war. Da müssen Sie noch ein bisschen wachsen."

„Ich fand das eine coole Aktion", meint Mert. „Ich hab mich sogar ein bisschen erschrocken."

„Danke, Mert, das ist nett", sagt Herr Wischi. „Wenigstens einer."

„Ich würde vorschlagen, dass wir jetzt zum Museum gehen", unterbricht ihn Frau Wieland. „Dort können wir uns einen echten Tyranno anschauen."

„Einen lebendigen?", fragt Lars.

„Blödmann." Leon stößt ihn in die Seite. „Die Viecher sind seit tausend Jahren ausgestorben." Jule korrigiert ihn: „Das ist ein bisschen länger her, du Schlaumeier. Ausgestorben sind die wahrscheinlich schon vor 65 Millionen Jahren."

„Echt? So lange schon?", fragt Leon. Inzwischen hat die Gruppe sich in Bewegung gesetzt. Sie laufen in Richtung Museum.

Frau Wieland dreht sich zu den Kindern um und erklärt: „Im Museum gibt es Skelette, also Knochengerüste von Dinosauriern. Und ein paar nachgebaute Dinos aus Kunststoff. Damit man sich vorstellen kann, wie die ausgesehen haben."

Vor dem Museum zählt Frau Wieland noch einmal durch. Sie will anscheinend sichergehen, dass kein Kind in einen Gully gefallen ist. Oder von einem Dino verspeist wurde.

Dann kauft sie die Eintrittskarten.

Im Museum stürmen die Kinder los. „Da vorn sind die Dinos", ruft Leon.

„Oh, guck mal. Ein Mammut! Wie süß!", ruft Nina.

„Ob man auf denen reiten konnte?", fragt Kevin.

Nina überlegt: „Ich glaube nicht. Zu der Zeit haben die Menschen noch nicht ans Reiten gedacht. Die haben die Mammuts gejagt. Zum Essen."

„Da gab es bestimmt Mammut-Nuggets mit Pommes zum Mittag. Hm, lecker!"

Leon und Lars schauen sich die Dinos an.

Es gibt tatsächlich das Skelett von einem Tyrannosaurus Rex. Es ist riesig!

„Das ist schon größer als Herr Wischi mit seinem Kostüm", bemerkt Lars.

„Ja stimmt", antwortet Leon. „Meinst du, das Skelett ist echt?"

„Bestimmt. Wäre doch langweilig, wenn es nur nachgebaut wäre."

„Das ist es aber leider", sagt eine Stimme hinter ihnen. Die beiden Jungs drehen sich um.
Herr Wischi steht vor ihnen. Er zuckt mit den Schultern. „Ein echtes Skelett wäre viel zu wertvoll. Das hier ist eine Nachbildung. Steht übrigens auf dieser Infotafel. Könnt ihr nachlesen."
„Aber wir haben doch noch gar nicht alle Buchstaben gelernt", erklärt Leon. „Wie sollen wir das denn lesen können?"
„Auch wieder wahr", bemerkt Herr Wischi. „Es wäre auch viel zu riskant, ein echtes Skelett hier auszustellen. Stellt euch vor, da kommt eine Schulklasse. Alle wollen ein Andenken mitnehmen. Wenn sich jeder einen Knochen abbricht, ist bald kein Tyranno mehr da."
„Kann man denn die Knochen abbrechen? Die sind doch bestimmt ganz fest", meint Lars und fummelt an dem Dino-Fuß rum.
Plötzlich macht es „Knacks!". Lars hat ein Stück Dinoknochen in der Hand. Entsetzt schaut er auf den Knochen. „Mist, was mache ich denn jetzt?"
„Pst, nicht so laut", zischt Herr Wischi. „Gib mal her. Das pappen wir wieder dran."
Er beugt sich nach unten an den Dinofuß und

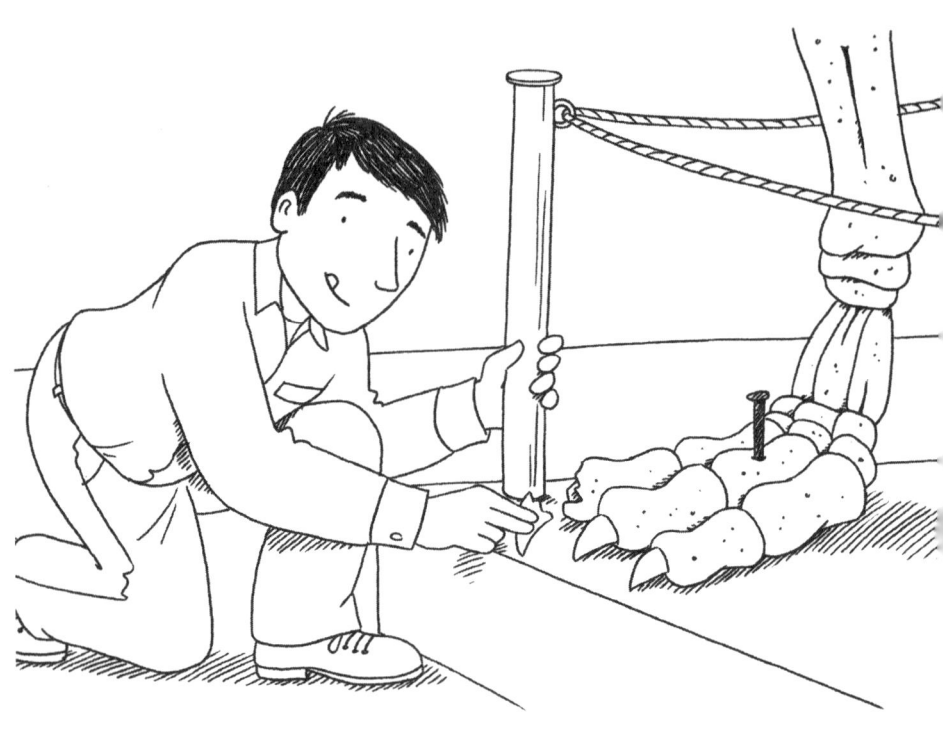

drückt das Knochenstück dagegen. Leider drückt
er ein bisschen zu fest. Erst ist es nur ein leises
Knacken. Dann bricht mit lautem Getöse das
komplette Dinoskelett in sich zusammen.
Ein Museumswärter kommt angelaufen. „Was ist
denn hier los?", ruft er. Als er den eingestürzten
Dino sieht, bleibt er erstarrt stehen. „Oh, nein!
Das darf doch nicht wahr sein!" Ihm kommen
fast die Tränen.
Herr Wischi, Leon und Lars stehen entsetzt vor
dem Knochenhaufen. Keiner sagt einen Pieps.
Schließlich stammelt Herr Wischi: „Es ist alles
meine Schuld!"

232

„Sie müssen besser aufpassen auf Ihre Schüler!", schimpft der Museumswärter. „Hier stehen doch überall Schilder: Anfassen verboten!"

„Aber wir sind doch in der ersten Klasse." Leon hat seine Sprache wiedergefunden. „Da können wir noch nicht alles lesen. Das V hatten wir noch nicht."

„Aber euer Lehrer, der kann doch schon lesen", meckert der Wärter.

„Es tut mir leid", sagt Herr Wischi geknickt. „Wie kann ich das nur wieder gutmachen?"

„Ich habe eine Idee", sagt Lars. „Bis das Skelett wieder aufgebaut ist, stellen Sie sich mit Ihrem Dino-Kostüm hier hin."

„Oder Sie laufen durch das Museum und erschrecken die Besucher", meint Leon.

„Ihr wollt ja nur, dass euer Unterricht bei mir ausfällt", bemerkt Herr Wischi. „Ich habe eine bessere Idee: Wir verlegen den Unterricht ins Museum. Und dann bauen wir zusammen das Skelett wieder auf."

„Auf keinen Fall", ruft der Wärter dazwischen. „Ich will Sie hier nicht wieder sehen. Oder ich rufe die Polizei!"

„Kommt schnell!", flüstert Herr Wischi Leon und Lars zu. „Wir hauen ab."

Sie drehen sich um und laufen zum Ausgang. Herr Wischi schaut noch einmal über die Schulter. Der Wärter verfolgt sie nicht. Was für ein Glück!

Klatsch! Herr Wischi hätte besser nach vorn gucken sollen. Er ist vor das Mammut gerannt. Das Mammut wackelt. Dann fällt es um. Und mit ihm Herr Wischi. „Nicht schon wieder", ruft er. Er rappelt sich auf.

In diesem Moment kommt Frau Wieland vorbei. „Herr Wischniewski, was machen Sie da? Haben Sie etwa das Mammut umgeworfen? Ist das wieder Ihre tolle Erlebnispädagogik?"

„Ja, genau", stammelt Herr Wischi. „Ich wollte den Kindern zeigen, wie die Menschen früher ein Mammut erlegt haben."

Frau Wieland ist stinksauer: „Sehen Sie zu, dass Sie verschwinden! Sonst zeige ich den Kindern mal, wie ich Sie erlege!"

Mäusealarm

Ding Dang Dong! Die Glocke läutet zur ersten
Stunde. Brav stellen sich alle Kinder auf dem
Pausenhof auf. Jede Klasse hat ihren eigenen
Platz. Und dann gehen sie ganz ordentlich und
Hand in Hand die Treppe zu ihrem Klassenraum
hinauf.
Naja, so sollte es zumindest sein. Meistens gibt
es aber ein großes Gerenne und Geschubse.
Und vor dem Klassenraum herrscht ein riesiges
Gedränge. So auch heute bei der 1a. Lisa kann
ihre Hausschuhe nicht finden. Milan kriegt den
Reißverschluss an seiner Jacke nicht auf. Und
Sven hat seinen Tornister auf dem Schulhof
vergessen. Jetzt muss er schnell noch mal
herunterrennen und ihn holen.
Als er wieder am Klassenraum ankommt,
sind die anderen Kinder schon darin. Schnell
schnappt sich Sven seine Spiderman-
Hausschuhe und zieht sie an. Doch was ist das?
Im rechten Hausschuh ist vorn ein Loch. Genau
an seinem Zeh.

Sven stürmt in die Klasse. „Frau Winter, eine
Maus hat meinen Hausschuh angefressen!"
Frau Winter wird ganz blass. „Eine Maus? Wo
ist sie? Hast du sie gesehen?" Sie sieht so aus,
als würde sie jeden Moment auf das Lehrerpult
springen. Oder ohnmächtig werden.
„Nein, gesehen habe ich sie nicht. Aber das
Loch hier war gestern noch nicht da", erklärt
Sven.
„Wahrscheinlich sind dir die Schuhe einfach zu
klein", meint Tarik.
„Quatsch. Gestern passten sie noch. Glaubst du,
meine Füße sind über Nacht gewachsen? Und
dann gleich so viel?"
„Selbst wenn, dann wäre ja nicht heute
gleich ein Loch drin", sagt Toni ein bisschen
oberschlau.
„Wir müssen dem Hausmeister Bescheid
sagen", entscheidet Frau Winter. „Tarik, geh du
bitte zu Herrn Meier und hole ihn."
Tarik springt auf und rennt los. Solche
Schulstunden liebt er: Action statt Arbeitsblätter.
So macht Schule Spaß.
Kurze Zeit später kommt Tarik mit dem
Hausmeister zurück. „Hier soll eine Maus

sein?", fragt Herr Meier. „Kein Problem, kein Problem, das haben wir gleich." Er wendet sich an Milan: „Hast du etwa wieder deinen Hamster mitgebracht?"

Milan wird rot. „Nein, ganz bestimmt nicht. Ich kontrolliere jetzt morgens immer den Käfig. Damit mein Hamster Willi sich nicht heimlich in die Schule schleichen kann."

Herr Meier guckt sich Svens Hausschuh an. „Hm", macht er. „Ich weiß ja, dass Mäuse gern Käse essen. Aber dass du solche Käsefüße hast, dass die Mäuse schon deinen Hausschuh anknabbern? Das kann ich mir nicht vorstellen. Zeig mir mal, wo dein Hausschuh gestanden hat."

Sven geht mit dem Hausmeister auf den Flur. Rechts von der Tür stehen die Regale mit den Hausschuhen der 1a.

„Hier war das." Sven zeigt auf das Regal, in dem jetzt die Straßenschuhe der Kinder stehen. Naja, eigentlich stehen sie nicht alle im Regal. Mindestens die Hälfte der Schuhe liegt durcheinander auf dem Boden herum.

Plötzlich schreit Sven auf: „Aber da sind ja meine Hausschuhe!" Er wühlt in dem Schuhhaufen und

zieht ein Paar Spiderman-Hausschuhe heraus.
„Was ist denn jetzt los?" Herr Meier schaut Sven
fragend an. „Haben sich die Hausschuhe jetzt
schon vermehrt?"

„Nein, das nicht, aber anscheinend haben die
Mäuse meine Hausschuhe versteckt. Oder
vertauscht. Oder was weiß ich."

Inzwischen ist auch Frau Winter auf den Flur
gekommen. Sie hat ganz vorsichtig die Tür
aufgemacht, damit sie nicht von der bösen Maus
angefallen wird. Frau Winter hasst Mäuse! „Was
ist denn jetzt?", fragt sie ängstlich.

„Kein Problem, kein Problem!", antwortet Herr
Meier. „Die Mäuse haben die Hausschuhe nur
vertauscht. Oder waren es Wichtel?"

„Ah, jetzt weiß ich's", ruft Sven. „Heute Morgen
hatte ich meinen Tornister auf dem Schulhof
vergessen. Als ich wieder hochkam, war ich
in Eile. Da hab ich wohl aus Versehen im
Schuhregal der 1b nach meinen Hausschuhen
gesucht. Und da hat jemand dieselben
Hausschuhe wie ich. Nur mit Loch." Sven
zeigt auf das Regal links von der Tür zum
Klassenzimmer. Dort sind die Schuhe der 1b
aufbewahrt.

Herr Meier und Frau Winter sehen sich an. Dann müssen beide lachen. „Also, irgendwann fange ich noch mal eine Maus für Sie", verspricht Herr Meier.

„Das ist sehr nett von Ihnen", erwidert Frau Winter. „Was würde ich nur ohne Sie machen?" Und zu Sven sagt sie: „Zieh dir schnell deine richtigen Hausschuhe an und komm in den Klassenraum. Heute wollen wir doch das M lernen. M wie Maus."

Die verbotene Schneeballschlacht

Heute hat es zum ersten Mal geschneit. Auf dem Schulhof ist eine wilde Schneeballschlacht im Gange. Die Kinder haben viel Spaß. Schulleiter Sommer findet das aber gar nicht witzig. Denn Schneeballschlachten sind auf dem Pausenhof verboten. Das steht so in der Schulordnung.
„Kann man denn nicht mal in Ruhe sein Pausenbrot essen?", schimpft Herr Sommer. Er zieht seine dicke Winterjacke an und geht nach draußen. Als er den Schulhof betritt, trifft ihn ein Schneeball am Kopf. Vor Schreck lässt Herr Sommer sein Pausenbrot fallen. Es versinkt im Schnee.
„Schluss jetzt!", schreit der Schulleiter. Alle Kinder bleiben wie erstarrt stehen. Es sieht aus, als wären sie vor Kälte festgefroren.
„Wer war das? Wer hat den Schneeball geworfen?", fragt Herr Sommer wütend. Keiner meldet sich.
Herr Sommer stapft durch den Schnee zu Herrn Wischniewski. Der hat heute Pausenaufsicht.

Heimlich klopft er sich den Schnee von seinen
Handschuhen.

„Herr Wischniewski! Wissen Sie nicht, dass
Schneeballwerfen auf dem Schulhof verboten
ist? Und dass Sie die Kinder daran hindern
müssen?", fragt ihn Herr Sommer.

„Äh, nein. Das wu…, das wusste ich nicht",
stottert Herr Wischniewski. „Ist doch gut,
wenn die Kinder sich in der Pause austoben",
verteidigt er sich.

„Und wenn in einem Schneeball aus Versehen
ein Stein ist? Und dieser Schneeball einem Kind
ins Auge fliegt?", fragt Herr Sommer entrüstet.

„Dann kriegt das Kind ein blaues Auge",
antwortet Herr Wischniewski.

„Herr Wischniewski, wenn Sie noch einmal
Ihre Pausenaufsicht vernachlässigen, dann
bekommen Sie ein blaues Auge. Und zwar von
mir!" Wütend stapft Herr Sommer zurück ins
Schulhaus.

Herr Wischniewski verzieht das Gesicht. „Oh
weh, das klingt ja gefährlich." Laut sagt er:
„Kinder, ihr habt es gehört: Schneeballwerfen ist
gefährlich. Und ab sofort verboten!"

„Das ist doch total bescheuert!", meckert Finn

aus der 1a. „Nie darf man seinen Spaß haben."
„Naja, verboten war es immer schon", erklärt
sein Bruder Jonas aus der vierten Klasse. „Aber
Herr Wischi hat nichts dazu gesagt. Der hat
doch sogar selbst Schneebälle geworfen."
„Echt jetzt?", fragt Finn.
„Ja, ich hab es auch gesehen", meint Toni, Finns
Freund.
„Tja, da müssen wir wohl bis heute Nachmittag
warten mit unserer Schneeballschlacht", meint
Jonas. „Wir können uns ja im Park treffen. Und
dann eine richtige Schneeballschlacht machen:
die 1a gegen die 4b."
„Das ist eine coole Idee", meint Finn. „Wir
werden euch abschießen."
„Warte mal ab. Wir werden euch Kleinen
nassmachen!"
Wie abgemacht treffen sich die Kinder um
drei Uhr im Stadtpark. Zum Glück ist der Schnee
noch nicht geschmolzen. Einige Kinder haben
auch ihre Schlitten mitgebracht. Aber jetzt ist
erst mal Schneeballwerfen angesagt. Finn und
Toni haben noch Lisa, Jana, Milan und Tarik
aus ihrer Klasse mitgebracht.
Auf der anderen Seite stehen Jonas, Ronja,

Natascha, Maria und Ben aus der 4b.
„Los geht's!", schreit Jonas. Wild fliegen die
Schneebälle hin und her. Schon bald sehen
die Kinder aus wie Schneemänner. Die bunten
Jacken und Schneehosen sind kaum noch
zu erkennen. Aber keiner gibt auf. Beide
Mannschaften sind wild entschlossen, den
Kampf zu gewinnen.
Doch plötzlich ruft Ronja: „Stopp, hört auf!"

„Wollt ihr aufgeben?", fragt Toni.

„Nein, natürlich nicht. Aber da vorn kommt Herr Wischi."

„Na und?", sagt Finn. „Hier ist doch kein Schulhof! Im Park darf man ja wohl Schneebälle werfen."

Die Kinder schauen sich fragend an. Herr Wischi, der ja eigentlich Herr Wischniewski heißt, kommt direkt auf sie zu.

„Hallo Kinder!", ruft er. „Darf ich mitmachen? Ich liebe Schneeballschlachten!"

„Ja, das hat man heute Morgen gemerkt", sagt Ronja und grinst.

Herr Wischi wird rot. „Ich kenne halt die Schulordnung noch nicht so genau. Ich bin doch erst seit ein paar Monaten Lehrer. An der Uni hat man das jedenfalls nicht gelernt."

„Aber Schneebälle werfen – das hat man an der Uni gelernt?", fragt Jonas.

„Ja, klar. Dafür haben wir manchmal sogar die Vorlesungen ausfallen lassen."

„Cool! Dann will ich auch an die Uni", sagt Finn.

„Naja, man macht aber nicht nur Schneeballschlachten an der Uni", erklärt Herr Wischi. „Man muss auch viel lernen. Also, darf ich bei euch mitmachen?"

„Ja, bei uns", ruft Ronja. „Wir sind einer weniger."

„Dafür seid ihr größer", beschwert sich Jana. „Das ist unfair."

„Ich habe eine viel bessere Idee", ruft Jonas. „Alle auf Herrn Wischi!"

Und mit lautem Geheul stürzen sich alle auf den Lehrer und werfen ihn in den Schnee. Dann prasseln Unmengen von Schneebällen auf ihn ein. Doch Herr Wischi hat an der Uni wohl wirklich viel gelernt, vor allem in Sachen Schneeballschlacht. Schnell springt er auf und verschanzt sich hinter einem Baum. Von dort aus bewirft er die Schüler mit Schneebällen. Und fast jeder Wurf ist ein Treffer.

„Herr Wischniewski, was machen Sie denn da?", ertönt es plötzlich hinter ihm.

Herr Wischi erstarrt. Die Kinder halten die Luft an. Vor ihnen steht Herr Sommer mit seiner Frau. Die beiden machen einen Schneespaziergang.

„Ich mache die Kinder fit für die Uni!", erklärt Herr Wischi stolz. „Sie sollen ja nicht nur für die Schule lernen, sondern auch für das Leben."

„Und außerdem ist hier ja kein Pausenhof", ergänzt Ronja. „Wollen Sie vielleicht mitspielen?"

„Nein, danke!", ruft Herr Sommer erschrocken. „Ein Schneeball am Tag ist genug für mich!"

Angebrannte Weihnachtsfeier

Noch eine Woche bis Weihnachten.
Und nur noch drei Tage Schule! Die Kinder der
1b können sich kaum noch auf den Unterricht
konzentrieren. Obwohl der gar nicht mehr so
anstrengend ist.
In Musik üben sie Lieder für die Weihnachtsfeier.
In Deutsch lernen sie dafür Gedichte. Im
Religionsunterricht haben sie besprochen,
warum überhaupt Weihnachten gefeiert wird.
Und in Sport proben sie einen Lichtertanz. Den
wollen sie bei der Weihnachtsfeier ihren Eltern
vortanzen. Mit echten Kerzen.
Heute ist es nun endlich so weit. Am Nachmittag
findet die Weihnachtsfeier der 1b in der Aula
statt. Ein paar Eltern haben den Raum festlich
geschmückt. Andere haben Kuchen und Kekse
mitgebracht. Oder Kaffee und Kakao gekocht.
Es riecht nach Tanne, Kerzen und Weihnachten.
„Wie schön!", ruft Nina, als sie die Aula betritt.
Ihre Mutter hat Haferkekse gebacken. Darauf
freut sie sich schon. Es sind ihre Lieblingskekse.

Aber Nina ist auch aufgeregt. Bei einem Lied singt sie den Refrain ganz allein. Ein richtiges Solo.

Auch Kevin ist aufgeregt. Er muss ein Gedicht aufsagen. Beim Üben hat es ja immer geklappt. Aber vor Publikum ist das etwas ganz anderes.

„Bist du auch so aufgeregt?", flüstert er Nina zu.

„Ja, klar", antwortet seine Freundin. „Aber ich freu mich auch. Es wird bestimmt eine schöne Feier. Ich liebe Weihnachten!"

„Ich auch. Vor allem die Geschenke. Ich habe mir neue Autos für meine Carrera-Bahn gewünscht. Und ein paar Lego-Sachen", erzählt Kevin.

„Ja, Geschenke sind toll. Aber ich liebe auch die Lieder und die Weihnachtsgeschichte. Ist doch cool, dass Gott als Baby auf die Welt kommt."

„Ich finde gut, dass die Mama von Jesus auf einem Esel reitet. Was meinst du: War der größer oder kleiner als die Ponys auf dem Mühlenhof?", fragt Kevin.

Nina überlegt. „Ich glaube, ein Esel ist ungefähr so groß wie ein Shetlandpony. Vielleicht auch ein bisschen größer. Aber nicht so dick", fügt sie lachend hinzu.

Endlich haben alle Eltern und Kinder einen Platz an den geschmückten Tischen gefunden. Bevor das Kuchenessen losgeht, wollen die Kinder vorführen, was sie geprobt haben. Sie sollen ja nicht noch aufgeregter werden.

Mit fünf anderen Kindern geht Nina auf die Bühne. Ihr Lied ist als Erstes dran.

Frau Wieland nimmt das Mikrofon: „Liebe Eltern, wir haben in allen Fächern diese Feier vorbereitet. Sogar in Mathe haben wir mit Kerzen und Keksen gerechnet. In Religion haben wir darüber gesprochen, warum wir überhaupt Weihnachten feiern: weil Gottes Sohn als Kind in diese Welt gekommen ist. Das hat die Kinder besonders begeistert. Dass er nicht als König aufgetreten ist, sondern als ganz normaler Mensch. Dazu passt dieses Lied."

Jetzt kommt Ninas Auftritt. Sie schickt ein Stoßgebet zum Himmel und dann singt sie:

„Gott kommt kleiner, als wir denken,
Gott kommt völlig unscheinbar.
Gott kommt, um sich zu verschenken,
Gott kommt, und er bleibt uns nah."

Als das Lied zu Ende ist, klatschen alle
begeistert. Nina ist erleichtert. Sie hat sich nicht
versungen. Und den Text hat sie auch nicht
vergessen. „Danke, Gott!", flüstert sie.
Nun ist Kevin dran mit seinem Gedicht. Tapfer
geht er auf die Bühne und spricht ins Mikrofon:

„Überm Stall von Bethlehem
Habe ich das Licht geseh'n.
Engel sangen hell und klar:
Jesus, der Retter, ist da!"

Kevin ist immer schneller geworden. Aber er hat
keine Zeile vergessen. Erleichtert schließt er die
Augen. Das hätte er besser nicht gemacht. Weil
er dabei die Treppe von der Bühne heruntergeht.
Kevin verpasst die letzte Stufe und landet
fast auf Herrn Sommers Schoß. Der springt
vor Schreck auf. Leider stößt er dabei seine
Kaffeetasse um.
„Oh nein! Mein Kaffee!", ruft er. Kevin ist das
furchtbar peinlich.
Zum Glück ist der Hausmeister, Herr Meier, in
der Nähe.
„Kein Problem, kein Problem!", ruft er. Schnell

besorgt er einen Lappen und wischt den Kaffee
auf. „Wir haben doch noch genug Kaffee hier.
Machen Sie sich keine Sorgen, Herr Sommer."
Und zu Kevin sagt er freundlich: „Tolles Gedicht.
Aber lass nächstes Mal die Augen offen beim
Abgang."
Kevin flüchtet sich schnell an seinen Platz. Nina
zwinkert ihm zu. Jetzt haben beide ihren Auftritt
hinter sich und können die Feier genießen.
Inzwischen ist es auf der Bühne voll geworden.
Zehn Kinder aus der 1b führen nun den

Lichtertanz auf. Alle haben weiße Pullis und weiße Hosen an. Jedes Kind hält ein Glas mit einer Kerze in der Hand. Das Licht in der Aula erlischt. Die Kerzen auf der Bühne leuchten. Die Kinder tanzen zu weihnachtlicher Musik. Man kann sie nicht deutlich erkennen, aber der Tanz sieht großartig aus. Und sehr feierlich.

„Als wären sie alle beim Ballett", flüstert Ninas Mutter. Als der Tanz zu Ende ist, gibt es lauten Beifall.

„Bravo", ruft Leons Vater. „Großartig", ergänzt Jules Mutter.

Die Tänzer verbeugen sich artig. Leider vergisst Jule dabei, dass sie eine brennende Kerze in der Hand hält. Die Kerze fällt auf den Boden und kullert über die Bühne. Am Bühnenrand liegen einige Notenblätter. Plötzlich fängt das Papier Flammen.

„Toller Effekt", bemerkt Kevin. „Aber das war nicht geplant, oder?"

Ein paar Mütter und Kinder beginnen zu kreischen. Aber zum Glück ist Hausmeister Meier nicht weit. „Kein Problem, kein Problem!", ruft er und schüttet einen Eimer Wasser auf das brennende Papier. Leider nimmt er dabei so

viel Schwung, dass auch Herr Sommer einen
Schwall Wasser abbekommt.
„Herr Meier!", ruft dieser zornig. „Können Sie
nicht aufpassen?"
„Regen Sie sich nicht auf, Herr Sommer",
antwortet der Hausmeister ruhig. „Besser eine
nasse Hose als eine angebrannte."
„Ja, Sie haben ja recht", gibt Herr Sommer zu.
„Gut, dass Sie so schnell reagiert haben."
Frau Wieland klatscht in die Hände. „Noch

einmal Ruhe, bitte! Nun hatten wir ja Aufregung genug. Das lief leider etwas anders als geplant. Aber das ist an Weihnachten wohl normal. Maria und Josef hatten sich die Geburt ihres Sohnes bestimmt auch anders vorgestellt. Aber ich hoffe, dass es jetzt etwas gemütlicher weitergehen kann. Greifen Sie zu bei Kuchen und Keksen!"

„Maria und Josef hatten doch bestimmt auch Kerzen im Stall", überlegt Kevin. „Stell dir mal vor, die wären umgekippt."

„Dann hätte Gott bestimmt einen Herrn Meier mit einem Eimer Wasser vorbeigeschickt", sagt Nina kauend.